온라인 학습이 즐거운

원격 질문 수업

KB193224

온라인 학습이 즐거운 원격 질문 수업

초판 1쇄 발행 2020년 11월 11일
초판 2쇄 발행 2020년 12월 11일

지은이 양경윤, 황지현

발행인 장상진
발행처 (주)경향비피
등록번호 제2012-000228호
등록일자 2012년 7월 2일

주소 서울시 영등포구 양평동 2가 37-1번지 동아프라임밸리 507-508호
전화 1644-5613 | **팩스** 02) 304-5613

© 양경윤, 황지현

ISBN 978-89-6952-440-9 03370

· 값은 표지에 있습니다.
· 파본은 구입하신 서점에서 바꿔드립니다.

온라인 학습이 즐거운

원격 질문 수업

지은이 **양경윤 · 황지현**

경향BP

온라인 개학이라니?

세상에서 변화가 가장 늦은 곳은?
학교.

정답입니다. 60대 할머니가 다니던 학교에서 그 아들과 딸이 공부를 하였고, 현재 손자 손녀의 교실 모습 또한 크게 달라지지 않았습니다. 교실 칠판 앞에 서 있는 선생님, 바른 자세로 앉아 있는 아이들의 모습은 늘 비슷합니다. 학교는 아주 천천히, 느리게 변합니다. 그런데 COVID-19는 교육의 환경과 형태를 빠르게 바꾸고 있습니다.

사상 첫 온라인 개학.

들어본 적도, 상상해 본 적도 없던 원격수업이 예고도 없이 시작되었습니다. 대면 수업이 아닌 비대면 수업. 교실에 각종 IT 기기들을 장착하고, 일타 강사처럼 학생들에게 안내할 수업 영상을 촬영하고, 좋은 콘텐츠를 찾아 링크를 걸고, 학생은 눈앞에 없는데 무엇이 그리도 바쁜지, 하루해가 후딱 넘어갑니다.

원격수업 콘텐츠를 만들고 아이들과 채팅으로, 문자로 피드백하면서 겨우 원격수업에 적응하기 시작했습니다. 그런데 이제는 한 단계를 넘어 실시간 쌍방향 원격수업으로 학습의 장이 바뀌고 있습니다. 학생들을 콘텐츠에만 맡겨 둘 수 없기 때문입니다.

원격수업의 방법이나 내용에 하나의 정답이 있는 것은 아닙니다. 전국의 선생님들은 각개전투로 원격수업 매뉴얼을 만들며 고전분투하고 있습니다. 매일매일 쏟아지는 정보를 읽어 볼 시간도 없이 새로운 기술과 방법들이 업데이트되곤 합니다. 여기에서 우리의 고민은 시작되었습니다.

인터넷 사용 툴만 익히면 진짜 수업이 될까?

학생들의 자발적 학습 참여는?

온라인상에서 교육과정-수업-평가 일체화는 어떻게 이룰까?

수업을 위한 온라인상의 도구들도 중요하지만, 학생들의 배움에 대한 근본적인 이해가 더 많이 필요합니다. 지금까지의 학교는 어떤 공간일까요?

학생들의 성격을 형성하고 자아를 발견해 나가는 공간, 성숙한 시민으로 자라기 위해 다양한 교육을 받을 수 있는 물리적 공간이 바로 학교입니다. 하지만 원격수업에서는 학교의 물리적 공간이 사이버 공간이 되어 버렸습니다. 컴퓨터 화면에 있는 선생님과 친구는 나와 다른 공간에 있습니다. 화면 속의 친구들과 다른 공간에 있지만 우리는 연결되어 있음을 배우고 느낄 수 있는 원격수업이 되어야 합니다. 우리의 수업은 학생들이 두려움 없이 질문하고 생각을 나누며 공유할 수 있는 안전한 온라인 공간에서 이루어져야 합니다.

아이들이 맘껏 몸으로 배우는 수업.

자신을 표현하고 노래하며 상상력을 펼치는 모습을 직접 볼 수 있는 대면 수업.

이것이 지금까지의 우리들의 수업입니다. 원격수업이 대면 수업을 완전히 대처할 수는 없을 것입니다. 각각의 장단점이 분명합니다. 하지만 선택의 여지없이 원격수업을 해야 한다면 이런 상상을 해 봅니다.

기초적인 지식은 AI 알고리즘으로 나의 수준에 맞는 개별 콘텐츠로 게임을 하듯 배우고, 화면 속의 친구와 질문하고 생각을 키우는 쌍방향 원격수업. 몸과 마음을 깨우는 활동도 할 수 있는 비대면 수업.

이제는 마스크를 쓰지 않은 친구 얼굴을 보는 것이 어색합니다. 학교에서 맘껏 뛰놀고 자신의 목소리를 내며 친구들과 어울려야 하는데 아이들은 코까지 마스크를 쓰고, 투명 칸막이 안에서 자신의 공간과 타인의 공간을 분리하며 지냅니다. 나의 공간에 다른 친구가 들어오면 병균이 함께 오는 것 같아 소독부터 합니다.

마스크 쓰지 않는 친구를 만날 수 있는 공간은 이제 사이버 공간뿐입니다. 원격수업을 처음 해 보는 교사도 학생도 서툴고, 적응하기까지 힘든 여정입니다. 그 고민과 연구 활동들을 함께 풀어 가는 이야기를 나누려 합니다.

실패와 작은 성공의 경험이 원격수업을 준비하는 선생님들에게 디딤돌이 되길 기원합니다. 고맙습니다.

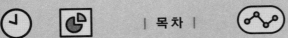

| 목차 |

1부. 원격 질문 수업을 시작하다

chapter1 나의 출발점은 어디에 있는가?

chapter2 원격수업을 위한 플랫폼은?

질문 있어요1

2부. 원격 질문 수업을 펼치다

chapter7 블랜디드 러닝 설계의 실제

1 부

원격 질문 수업을 시작하다

⌄
⌄
⌄
⌄

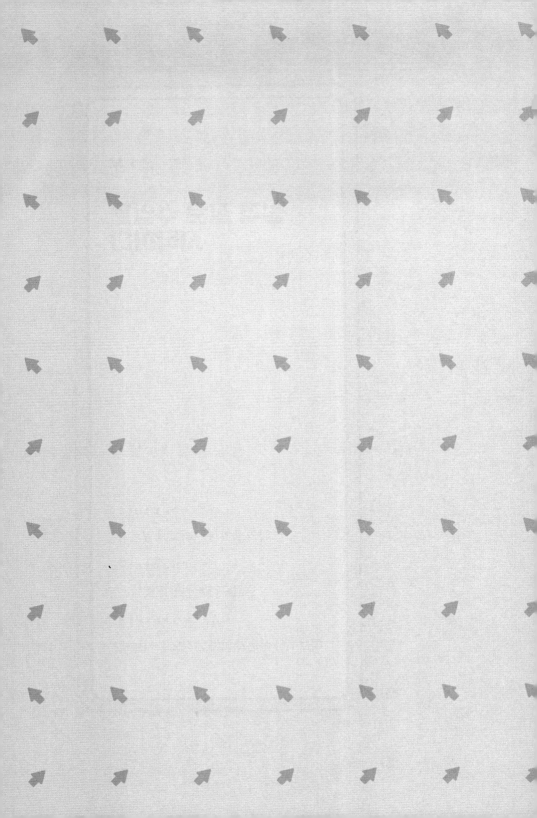

나의
출발점은
어디에 있는가?

변화를 마주할 준비가 되었나요?

온라인 개학

COVID-19, 급성 바이러스성 호흡기 질환.

2020년 우리는 새로운 세상과 갑자기 마주하게 되었습니다. 이 팬데믹 시대는 우리의 학교와 교실을 바꾸었습니다. 2020년 새내기 1학년은 3월 2일 입학식을 하지 못했습니다. 설레는 마음으로 자신만큼 큰 가방을 몇 번이나 들여다보았을 초등학교 1학년 학생들. 2주만 지나면 교문을 들어설 것으로 기대했지만 그러지 못했습니다. 새 학년 새 친구를 교실에서 만날 수 없었습니다.

온라인 개학.

들어본 적이 없던 단어, 온라인 개학이라니. 세상은 시끄러웠지만 결국 3월부터 4차례나 연기되어 4월 중순에서야 이루어진 개학이었습니다. 원격수업의 정의는 이미 교육법에 존재해 왔습니다. 그러나 한 번도 교육 현장에 적용될 이유가 없었던 원격수업이 2020년 교육 현장 전반에 모습을 드러내었습니다.

팬데믹 시대 교사

4월 온라인 개학에 이어 6월 대면 수업과 비대면 수업, 즉 등교수업과 원격수업으로 학사 일정이 조정되었습니다. 등교수업이 시작되었다고 하지만 제한된 횟수로 등교할 수 있었고, 원격수업은 콘텐츠 활용 수업으로 학생들의 자기 주도 학습을 요구하기 시작했습니다.

등교수업에서도 학교의 모습은 많이 변했습니다. 먼저, 등교하는 학생의 수가 줄었습니다. 학교 내 밀집도를 줄이기 위해서 분반을 하거나 학년 간 등교 일자를 다르게 운영하기도 했습니다. 등교할 수 있는 학생 수를 전체 학생의 1/3로, 또는 2/3로 제한하기도 해서 모든 학생이 등교하는 경우가 드물어졌습니다. 둘째는 마스크를 쓴 교사와 학생의 모습입니다. 2020년엔 누구도 마스크를 쓰지 않고는 학교 내를 다닐 수 없습니다. 학교에서 학생들의 온전한 얼굴을 제대로 볼 수 없습니다. 오히려 마스크를 쓴 상태의 학생을 잘 알아볼 정도가 되었습니다. 셋째는 친구들과 손잡고 뛰어다니며 놀거나, 삼삼오오 모여 앉아 수다를 떠는 모습을 볼 수 없습니다.

2020년의 학사 일정은 등교수업 외에 온라인 수업, 즉 원격수업이 같이 존재합니다. 온라인 개학으로 시작하면서 온라인 수업과 학교 수업 등 다양한 명칭들로 불렸지만, 지금은 용어에 대한 정의가 분명해졌습니다.

'등교수업과 원격수업' 지금 학교는 이 두 수업을 연결하면서 움직이고 있습니다. 급격하게 변화하는 세상. 일상은 변화되어도 제대로 인식하고 움직이는 데는 시간이 걸립니다. 모니터와 마주한 교사들은 하루에 6~7시간 동안 콘텐츠를 제작하고 업로드하며 학생의 배움을 위해 노력해 왔지만, 세상은 그것을 알아주지 못합니다. 학생들의 수업을 위해 준비하고 콘텐츠를 제작하는 모습을 교육 활동, 가르치는 일이라고 인식하지 않기 때문입니다. 이론적으로는 맞다 하더라도 지금까지의 교육에 대한 인식은 학생은 정면을 향해 앉아 있고, 교사는 학생들 앞에서 가르치는 전통적인 교실 모습만을 기억하고 있기 때문입니다. 그래서 교사는 두렵습니다.

나는 수업 전문가가 맞는가?

콘텐츠를 만들고 제공해주는 것만으로 교사라고 할 수 있는가?

무엇을 어떻게 준비해야 하는가?

내가 시도하는 새로운 방법이 학생들에게 적합한 것일까?

교실에서 학생들과 소통하며 가르치는 교사로서 자긍심을 가졌었는데 새로운 세상, 사이버 공간의 수업도 잘할 수 있을까?

이제 교사는 전문가로서 연구하고 이 두 개의 교실을 온전하게 하나로 만들 준비를 해야 합니다. 세상이 새로운 교육을 인식할 수 있는 상황을 만들어 주어야 합니다. 세상이 인식하지 않으면 내가 아무리 맞다고 주장해도 소용이 없습니다. 이러한 일은 상대가 자발적으로 알아주지 않습니다. 우리는 이미 다른 세상에 발을 디뎠습니다. 전혀 다른 세상에서는 살아가는 방식도 다릅니다. 교육부나 교육청을 향해 우리에게 살아갈 방도를 마련해 달라고 아우성칠 수도 없습니다. 이제는 교사가 함께 세상의 인식에 맞서고 학생들의 배움을 극대화할 수 있도록 노력해 나아가야 합니다.

팬데믹 시대 학생과 학부모

우리 집엔 컴퓨터가 없는데….

내가 출근하고 나면 아이는 어떻게 하지?

스마트폰으로 학습이 가능할까?

인터넷망도 없는 우리 집에서 온라인 수업에 어떻게 접속하지?

형제가 둘인데 컴퓨터는 하나뿐….

공부는 안 하고 게임만 하면 어떻게 하지?

갑자기 닥친 원격수업에 교사만 당황한 것이 아닙니다. 학생과 학부모 모두 당황스럽긴 매한가지입니다. 팬데믹이 교실의 모습만을 바꾼 것이 아니라 사회 전반의 일상을 바꾸어 놓았습니다.

어떤 가정은 원격수업이 아이들의 학력 상태를 꼼꼼히 체크해 볼 수 있는 좋은 계기가 되었다고 합니다. 부모가 볼 수 없었던 학생들의 학습상태,

그리고 미달된 학업에 도움을 줄 수 있어서 너무 좋았다는 것입니다. 게다가 부모와 대화 시간이 길어져서 학생과 학부모의 관계가 더 좋아졌다고 말합니다.

그러나 어떤 가정에서는 어린 학생들이 온종일 아무런 보살핌을 받지 못한 채 집안에 방치되기도 합니다. 어떤 어린이는 가정폭력으로 가슴에 깊은 상처를 입기도 하였습니다. 이 아이들은 스스로 하는 학습이 당연히 불가능합니다. 부모의 돌봄이 부족한 아이들의 학습량은 극도로 줄어들고 있습니다. 지금까지 학교가 책임지고 보살펴 왔던 학생의 안전과 교육적 돌봄이 가정으로 돌아가다 보니 취약 계층일수록 교육의 불평등이 심화되는 결과를 초래하였습니다.

학교 교육은 단지 학업 성취만을 목적으로 이루어진 곳이 아닙니다. 사회 구성원으로서 차별받지 않고 기본 학습권을 누리기 위해서 존재하는 곳입니다. 소득이 많고 적음에 상관없이 국가가 제공해 주는 교육의 권리를 누리며 함께 사는 세상을 배우고, 만남을 통해 소속감과 안전을 보장받던 곳이었습니다. 자기 계발 및 성장의 발판이 교육을 통해 제공됐습니다. 이러한 학교 교육을 이제는 가정이 떠맡아서 해결해야 하는 상황이 발생하였습니다. 이제는 학부모도 학생도 걱정이 되기 시작합니다.

왜 학교에서는 콘텐츠만으로 학생들에게 공부하라고 하지?

애들 혼자서 이 많은 과제를 어떻게 수행할 수 있을까?

교사들은 어떤 도움을 주는 것일까?

왜 우리 아이에게 관심을 기울여 주지 않는 것일까?

콘텐츠 수업 클릭만 하고 게임하는 우리 아이들 관리는?

단지 지식을 원격으로 가르친다면 학교가 필요한가?

학부모님들에게는 콘텐츠 하나 제작하기 위해 하루에 6~7시간을 쏟아내는 교사의 노력은 보이지 않습니다. 당신의 자녀가 직면한 현실이 보일 뿐입니다. 아무리 양질의 콘텐츠가 제공된다고 하더라도 어떤 학생에게는 5분도 소요되지 않는 하나의 학습 도구일 뿐이기 때문입니다. 이제는 학부모도 학생도 학교 교육에 대한 새로운 요구를 시작했고, 사회 전반에서도 이 요구는 거세어지기 시작했습니다.

팬데믹 시대, 교육에 무엇을 요구하는가?

원격에서 학습의 몰입도를 올리는 행복한 수업을 할 수 있을까?

사고력을 증진하고 학생 상호 소통할 기회를 줄 수 있을까?

어떤 형태의 원격수업으로 학습을 극대화할 수 있을까?

지난 6개월간 콘텐츠 제공 수업으로 학습자를 방치한다는 학부모의 불만은 계속되어 왔습니다. 부모의 사회적 지위와 경제적 소득에 따른 교육격차와 불평등의 문제를 가져왔습니다. 매주 e-학습터에 콘텐츠를 제공했지만 아이들은 주도적으로 학습하지 못했습니다. 보기는 봤는데 뭘 배웠는지 모르겠다고 합니다. 집중도 되지 않는다고 합니다. 교사의 강의를 촬영해서 올린 수업은 전문가의 촬영으로 만들어진 학원의 인터넷 강의 수업과 비교됩니다. 고등학생은 학교 온라인 콘텐츠 수업을 듣고 앉아 있는 시간이 아깝다고 합니다. 게다가 교사가 제공하는 콘텐츠 중심의 온라인 수업은 지식 위주, 내용 전달 위주의 수업이 되기 쉽습니다. 아이들의 배움을 지식 위주의 일방적 콘텐츠 수업만으로 대처할 수는 없습니다.

이미 COVID-19의 새로운 경험은 학교의 기능과 역할에 대한 패러다임의 변화를 요구하기 시작하였습니다. 새로운 방식으로 학습이 전환되기를 기대하고 있습니다. 실제로 사이버 공간은 한 번도 마주하지 않은 사람들이 연결되는 공간이기도 합니다. 사이버 공간은 시공간을 초월하는 4차원의 세계입니다. 3차원의 세상을 사는 우리는 그곳에서 어떻게 움직여야 할지 몰랐을 뿐입니다. 이제는 그 4차원의 공간을 제대로 이용하기 위해 그곳으로 가보아야 하고, 알아야만 합니다. 교육도 4차원을 사는 사람들답게 움직여 주어야 합니다.

함께 대화하는 즐거움을 누리며 자기 삶의 방향을 찾고, 각자 개인이지만 동시에 연결되어 있는 그 공간에서 사람을 만나야 합니다. 사이버 공간은 더 넓은 세상과 연결되고, 자유로울 수 있음을 알려 주어야 합니다.

새 학기가 시작되면 교사들은 매번 학생들에게 꿈을 물어봅니다. 어느 순간부터 학생들 입에서 '건물주'라는 말이 나오기 시작했습니다. 그저 돈 많은 건물주, 가만히 있어도 돈이 들어오는 세상에서 하고 싶은 대로 돈을 쓰며 살고 싶다고 합니다. 건물주는 무엇인가를 성취하거나 세상에 도전하는 꿈이 아닙니다. 돈이면 다 되는 세상이 되어 버린 곳에서 아이들은 또다시 모니터 세상에 갇혀 버렸습니다.

그러나 이제 새로운 시대가 열렸습니다. 새로운 소통의 창도 열렸습니다. 교육 방법을 개선하고, 학생들의 삶에 더 깊이 다가갈 때 4차원 사이버 세상의 꽃밭을 가꾸는 방법을 알려 줄 수 있을 겁니다.

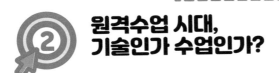

② 원격수업 시대, 기술인가 수업인가?

기술이 아니라 경험의 차이

어, 이 메뉴는 어디에 있지?

그 프로그램은 어떻게 운영하지?

쌍방향 수업에서 다른 프로그램을 운영할 수 있어?

학생들이 발표할 때 다른 친구들 얼굴이 보여?

왜 내 화면에서는 소회의실이 보이지 않을까?

채팅창은 어디에 있는 걸까?

화면 공유는 어떻게 하지?

실시간 쌍방향 원격수업을 시작하고 교사들은 새로운 프로그램을 익히느라 정신이 없습니다. 컴퓨터 활용 능력이 뛰어난 교사들은 금방 익숙해지고, 또 다른 프로그램으로 전환도 잘합니다. IT 활용 능력이 부족한 교사는 무능하다고 여겨집니다. 지금까지 자신이 쌓아온 전문성은 무용지물인 듯 여겨집니다. 스마트 기기를 잘 다루는 교사가 마치 유능한 교사인 양 착각하게 만들고 있습니다. 그런데 그 기술이라는 것은 단지 경험의 차이일 뿐입니다. 많이 경험해 본 사람은 두렵지 않습니다. 경험이야말로 살아가는 데 도움이 됩니다.

기술이 아니라 경험의 차이? 그렇다면 실시간 원격수업 경험을 어떻게 쌓아 가야 할까요?

첫째, 익숙한 프로그램으로 시작합니다. 화려한 기술을 사용하는 동료 선생님에게 기죽을 필요도 없습니다. 교사가 익숙하지 않으면 아무리 좋은 프로그램이라도 아이들은 불편합니다. 실시간 수업을 처음 시작할 때는 한 개의 플랫폼을 사용하면서 그 플랫폼에 교사와 학생들이 익숙해질 때까지는 다양한 기술이나 보조 프로그램은 사용하지 않는 것이 좋습니다. 익숙해지면 한 개씩 적용해 봅니다.

둘째, 처음 적응기에는 선생님들 상호 간에 사전 수업을 해 봅니다. 실시간 수업에는 예상치 못한 일들이 발생할 수 있지요. 그런 경험을 많이 쌓아야 대처 능력도 생깁니다. 하지만 아이들과 수업하면서 계속 실수한다면 많이 당황스러울 겁니다. 따라서 처음 적응기에는 동 학년 선생님이나 같이 연구하는 선생님들이 팀이 되어 수업 리허설을 해 보는 것도 좋습니다. 사전에 일어날 수 있는 사고나 상황을 미리 경험해 보는 것입니다. 혼자보다는 함께일 때 힘이 됩니다.

셋째, 실시간 원격수업 후에 나의 수업을 피드백해 봅니다. 실시간 원격수업에 대한 좋은 강의나 연수를 받아도 나의 수업은 오롯이 혼자서 진행해야 해서 실전 경험을 다양하게 쌓아야 합니다. 그리고 그냥 경험으로 끝나는 것이 아니라 더 나은 방법이나 수업의 구조를 위해서 공동체와 함께 피드백하고 함께 성장해 나가야 합니다.

누가 더 많이 경험해 보았는가, 새로운 세상에 누가 더 빨리 가서 적응했는가의 차이일 뿐입니다. 다른 세상에 처음 가면 도구 사용 하나도 물어서 활용해야 하는 것은 당연한 일입니다. 그러나 익숙해지면 물어볼 필요가 없고, 그때부터는 자신이 가지고 있던 소양과 역량이 발휘되기 시작합니다. 그러니 경험의 장에서 주저하지 않고 한발 한발 나아가면 좋겠습니다.

기술을 접목하는 수업역량

저희는 수석교사입니다. 교사의 수업 컨설팅이 주 업무이기도 합니다. 수업 컨설팅을 해 보면 선생님들은 정답을 바로 달라고 합니다. 어떻게 수업할지 스스로 계획도 없이 바로 수업하는 방법을 알려달라고 할 때 제일 난감합니다. 어떤 경우는 수업의 형태만을 가져가서 수업을 진행하기도 합니다. 그 수업의 형태가 학생들의 어떤 배움을 위해서 활용되었는지에는 관심이 없습니다. 그런 경우에는 열에 아홉은 실패로 끝이 납니다.

수업은 선생님이 미리 고민하고 준비하는 곳에서 출발합니다. 학생들의 적극적 참여를 생각한 A 선생님이 게임 활동 3개를 준비해서 수업 컨설팅을 받으러 오신 적이 있습니다. 이 활동이 본 수업과 어떤 관련이 있느냐고 물어

보면 그냥 재미있을 것 같아서 준비했다는 대답을 듣기도 합니다. 준비한 활동을 왜 해야 하는지, 활동과 성취기준의 연관성을 대답하지 못하는 경우도 있습니다. 학습 활동이 교육의 목표와 학습자의 배움으로 연결하는 고민이 있어야 좋은 수업이 만들어집니다.

원격수업도 마찬가지입니다. 미리 고민한 수업 계획이 있어야 합니다. 그래야 어떤 프로그램을 사용해야 효과적일지 결정할 수 있습니다. 다양한 온라인 프로그램을 사용한다고 재미있고 의미 있는 수업이 되지 않습니다. 학생들은 이미 스마트폰으로 즉각적인 피드백과 원하는 보상을 받는 게임을 하고 있고, 재미있는 유튜브 방송도 쉽게 찾아보고 있습니다. 요즘 학생들은 자극적인 미디어에 이미 노출되어 있다 보니 교사가 제공하는 콘텐츠 학습이 처음엔 신기할지라도 금방 싫증 내곤 합니다. 교사는 자신의 수업에 어떤 내용과 가치를 담을 것인가를 늘 고민해야 합니다. 그 고민 속에서 필요한 웹 프로그램을 활용하는 것이 중요합니다.

원격 질문 수업을 위한 준비 체크

원격수업이라는 세상에 강제로 던져졌던 교사들은 원격수업에서도 교육 과정을 다양하게 재구성하여 학생들의 배움을 증진할 준비를 하고 있습니다. 콘텐츠 활용 수업, 과제수행형 수업을 수행하면서 이제는 실시간 쌍방향 화 상수업으로 전환을 준비하고 있습니다.

실시간 쌍방향 화상수업이 이루어지기 위해서는 교사의 환경과 준비만 으로는 부족합니다. 학생들도 준비가 이루어져야 학습할 수 있습니다.

단순히 스마트폰만 있으면 원격수업이 가능하다는 것은 학습자에 대한 이해와 관심이 부족해서 생긴 말입니다. 온라인 학습 도구로 스마트폰은 너무도 역부족입니다. 그저 시청만 하는 수업이라면 가능하다고 할 수 있겠지요. 그러나 수업은 학생들이 상호 작용하면서 이루어집니다. 선생님의 얼굴을 보고, 친구의 얼굴도 보면서 말을 하고, 글을 쓰며 사진과 그림도 공유하고, 학습 내용을 저장하는 등 다양한 활동이 동시에 작용하는 것이 수업입니다.

그렇다면 우리는 무엇을 준비하고 시작해야 할까요? 교사는 교사대로, 학생은 학생대로 준비해야 할 것이 있습니다.

교사의 원격 질문 수업 출발점

원격수업은 사실 교사에게는 공개 수업과 같습니다. 아이들과 하는 수업이긴 하지만 온라인 공간이다 보니 옆에 학부모가 아이의 수업을 도와주기 위해서 있기도 하고 녹화를 하는 경우도 있습니다. 초상권이나 저작권의 문제가 발생하기도 하지요. 미리 실전처럼 연습해 보고 수업에서 발생할 수 있는 여러 가지 상황을 체크해 보는 것이 좋습니다.

1) 교사의 기기 및 장비 체크

- 데스크톱: CPU가 낮은 경우 화면이 끊기거나 버퍼링이 생깁니다. 원격수업에 적합한 컴퓨터 사양을 확인합니다.
- 모니터: 듀얼 모니터의 경우 학생들의 전체 모습은 한 화면에 고정하

고, 다른 화면으로 학습 활동을 진행할 수 있습니다.

- 화상 전송 기기: 웹캠이나 웹캠 기능이 있는 실물 화상기를 추천합니다.

- 마이크와 웹캠은 USB로 바로 사용할 수 있는 것이 편리합니다.

- 전자 태블릿 필기구: 마우스를 이용해서 모니터 화면에 글자를 쓰게 되면 불편합니다. 모니터 화면을 보면서 바로 필기를 할 수 있는 기구를 갖추면 편리하게 이용할 수 있습니다.

- 조명은 교사의 얼굴이 너무 어둡지 않게, 학생들이 보기 불편하지 않게 화면에 나오도록 조정합니다.

2) 원격수업을 위한 기본 체크

- 사용할 플랫폼과 프로그램은 학생들이 참여하기 쉽게 구성되어 있는가?

- 수업 활용 프로그램이 숙달되어 있는가?

- 아동 준비 사항을 미리 점검하였는가?

- 학생들이 컴퓨터, 핸드폰, 태블릿 PC 중 어느 것을 사용하고 있으며 교사가 사용하는 프로그램이 핸드폰과 태블릿에 다르게 적용되는 것을 미리 파악하여 수업 중 안내할 수 있는가?

- 원격수업에 대한 안내가 명료하게 되었는가?

- 출석과 관찰, 과정, 수행, 형성 평가 기록장 등이 준비되었는가?

- 저작권과 초상권, 온라인 수업 예절 안내를 하였는가?

학생의 원격 질문 수업 출발점

1) 학생 기기 및 장비 체크

컴퓨터, 태블릿 PC, 스마트폰 등 다양한 방법으로 수업에 참여하게 되면 교사의 안내가 어려울 수 있습니다. 접속 환경에 따라 메뉴와 활용 방법이 다릅니다. 컴퓨터에서 되는 기능이 스마트폰에서는 되지 않는 경우도 있습니다. 접속 환경이 통일될수록 수업의 질이 높아집니다. 되도록 컴퓨터를 사용하여 입장하기를 추천합니다.

2) 원격수업을 위한 기본 체크

· 컴퓨터를 조작할 수 있는가?

기본 컴퓨터 활용법을 알고 있으면 소회의실 활동 시에 컴퓨터를 활용해서 기록하고 나눌 수 있습니다. 간단한 컴퓨터 사용 방법을 익히는 것이 좋겠습니다.

· 키보드 타자를 칠 수 있는가?

요즘 아이들은 스마트폰에 익숙해서 컴퓨터 타자를 어려워합니다. 낱글자를 찾아서 타자를 치기 때문에 미리 한컴 타자 연습 등을 안내해서 컴퓨터의 타자 기능에 익숙해지게 하는 것이 원격수업에 도움이 됩니다.

· 출석 시간을 지킬 수 있는가?

출석 확인 시간이 길어질수록 수업이 어렵습니다. 수업 시간 5~10분 전에 수업에 참여하고 수업방에 대기할 수 있도록 합니다.

• 학습의 방해 요소가 주변에 있는가?

주변의 소음(TV, 반려견, 음악 등)은 타인의 수업에도 방해가 됩니다. 조용한 환경에서 수업에 참여하도록 합니다.

• 온라인 예절을 지키며 수업에 참여하는가?

온라인 수업도 학교 수업과 같습니다. 교사와 학생 간, 또 학생과 학생 간에 예절을 지켜야 합니다. 사이버 세상에서 지켜야 할 예절과 수업 약속을 지키며 행동하도록 합니다.

• 수업 준비를 하였는가?

온라인 수업이라고 해서 먹으면서, 누워서 참여하면 안 됩니다. 아침 일찍 일어나서 학교에 오는 일상을 그대로 지키도록 합니다. 세수하고 양치질도 하고, 머리 빗고, 깨끗한 옷차림으로 참가합니다. 잠옷은 안 되겠죠? 바른 자세로 앉아서 수업에 참여합니다. 바른 자세는 화면에 얼굴이 잘 나오도록 하는 것입니다. 단 급할 땐 화장실에 갈 수 있습니다. 화장실 갈 땐 음소거 하고 다녀오도록 안내합니다.

학부모의 원격 질문 수업 출발점

• 교사와 아이들 모두 처음 시작하는 원격수업을 응원해 주세요

처음에는 다소 소란스럽기도 하고 수업이 어려울 수 있습니다. 다른 선생님의 수업과 비교하지 말아 주세요. 특히 학원 스타강사의 인강 수업과 비교해서는 안 됩니다. 교사가 준비한 교육과정은 긴 호흡으로 가는 수업입니다.

함께 응원해 주세요.

• 아이들이 스스로 할 수 있도록 도와 주세요

처음에는 도와줄 수 있지만, 수업은 아이들 스스로 해 낼 수 있습니다. 느리고 천천히 가더라도 자녀 혼자 해 나갈 수 있도록 격려해 주세요. 원격수업은 자기 주도 학습력을 기를 수 있는 또 하나의 기회입니다.

• 내 아이의 학습 활동을 다른 아이와 비교하지 말아 주세요

지나친 경쟁은 아이를 불안하게 합니다. 편안한 마음으로 원격수업을 할 수 있는 환경을 만들어 주세요.

우리는 모두 원격수업의 출발선에 서 있습니다. 원격수업의 플랫폼과 각종 프로그램의 사용 방법은 유튜브 채널과 교사 연수를 통해서 배울 수 있습니다. 몇 번의 검색은 알고리즘을 만들어 내게 맞는 채널을 연결해 줍니다. IT 기술의 발전으로 원격수업 플랫폼이나 다양한 프로그램의 기능은 그리 어렵지 않습니다. 사용자가 편리하게 이용할 수 있도록 메뉴가 잘 정리되어 있습니다. 하지만 익숙해지려면 연습과 경험은 필수입니다. 교내의 선생님들과 같이 수업을 준비하고 프로그램도 연습하면서 서로서로 배우고 실수를 다듬어 가면 실시간 화상 원격수업도 쉽게 적응할 수 있습니다. 원격수업 실전에서 당황스러울 수 있는 경험을 미리 연습해 보십시오. 교사가 먼저 익숙해야 합니다.

교육 현장에는 늘 변화의 바람이 불었습니다. 어떤 바람은 약하기도 했고 어떤 바람은 아주 세기도 하였습니다. 교육 현장은 느렸지만 더디게 꾸준히 변화하고 성장하고 있습니다. 단지 지금은 획기적인 변화의 시기라 모두

급한 것 같습니다. 빨리빨리 적응해야 한다는 부담도 있는 것 같습니다. 이럴 때일수록 기본입니다. 기본을 챙기면서 함께 나아가면 좋겠습니다.

chapter2.

원격수업을
위한
플랫폼은?

원격수업의 종류는?

원격수업에도 종류가 있을까?

온라인에서 하는 수업 아닐까?

오프라인상에서 하는 공부가 원격수업이라고?

컴퓨터 접속 못하는 학생도 원격수업이 가능해?

처음 원격수업이 대두되고 교사들 간에도 혼란이 많았습니다. 원격수업은 교수·학습 활동이 서로 다른 시간과 다른 공간에서 이루어지는 수업 형태를 의미하는 것으로 온·오프라인 활동을 모두 포함합니다. 한마디로 학교라는 물리적 공간을 벗어난 곳에서도 학생의 학습을 가능하게 해 주는 것이 바로 원격수업입니다. 원격수업은 과제수행형 수업, 콘텐츠 활용 수업, 실시간 쌍방향 수업의 세 가지 유형이 기본으로 구성됩니다.

과제수행형 수업

　　교사가 온라인으로 교과별 성취기준에 따라 학생의 자기 주도적 학습이 가능한 과제를 제시하고 피드백합니다. 예를 들면 교사가 과제를 제시하면 학생은 독후 감상문, 학습지, 학습 자료 등의 활동을 수행하고 학습 결과를 제출합니다. 교사는 학습 결과를 확인하고 피드백합니다. 위두랑, 구글 클래스룸, 클래스팅 등의 프로그램을 활용하여 교사가 과제를 제시하면 학생들은 수행하고 제출합니다.

위두랑	• 한국교육학술정보원(KERIS)에서 만든 교실 수업 기반 SNS 플랫폼 • 나의 학급, 자율학습, 마이페이지, 커뮤니티로 구성 • 회원 가입 및 로그인을 통해 다양한 학습 콘텐츠 이용 및 관리 • 디지털 교과서 활용 수업을 운용할 수 있는 다양한 기능(과제방, 자료 공유, 스트리밍, 포트폴리오 등) 제공
구글 클래스룸	• 구글에서 제공하며 교수·학습 활동 관리 및 누적, 상호 작용할 수 있는 웹 기반 학습 관리 시스템 • 구글 계정을 보유한 개인이나 단체는 무료 사용 • 구글 협업 도구와 연계하여 사용 가능 • 수업 개설, 학습 콘텐츠 제공, 과제 제시 및 질의응답, 퀴즈, 과제 제출 등의 메뉴 제공
클래스팅	• 온라인 학급 운영이 가능한 온라인 교육 플랫폼 • 온라인 학급은 게시글, 학급 공지 기능과 긴급문자 발송 가능 • 학습 자료 및 과제 배부 가능, 과제 결과 확인 기능 제공

콘텐츠 활용 수업

　　교사가 제시한 다양한 형태의 콘텐츠 학습을 시청하며 학습하는 수업입니다. 콘텐츠 활용 수업의 예를 보면 EBS 강좌와 교사가 자체 제작해서 제공한 동영상 수업으로 구분됩니다. 이들 수업을 시청하며 공부하고 이후 학급밴드나 학급 홈페이지 댓글 들을 통해서 실시간 토론 등을 해 볼 수 있습니다.

　　콘텐츠 활용 수업은 즉각적인 피드백이 이루어지기는 어렵습니다. 교사는 제출된 학습 내용을 확인하고 피드백합니다. 학생들의 학습 피드백을 위해 교사는 콘텐츠 학습과 관련된 질문을 게시판에 올리고 댓글을 달도록 합니다. 댓글은 학습 피드백의 도구로 활용됩니다.

e-학습터	• 교육부와 17개 시도 교육청이 통합 운영하고 한국교육학술정보원(KERIS)이 지원하는 교수·학습 지원 서비스 • 에듀넷 티-클리어 회원이면 누구나 이용 가능 • 교사용 전체 메뉴는 학습 자료 이용, 나의 학급, 학급 관리, 평가 관리, 마이페이지, 커뮤니티 이용으로 구성 • 시도 인기 콘텐츠, 평가 콘텐츠, 학습 자료 통합 검색 기능 • 교사가 직접 만든 자료(영상, 문서 등) 탑재, 외부 링크 수업 등록 가능
디지털 교과서	• 에듀넷 티-클리어에서 내려받아 활용 • 디지털화된 형태의 교과서 제공

디지털 교과서	• 용어 사전, 멀티미디어 자료, 평가 문항, 보충 심화학습 등의 다양한 학습 자료 제공 • 학습 포트폴리오, 학습 커뮤니티, 학습 진단 및 처방의 지원관리 시스템 • 수준별 학습 제공
EBS 온라인 클래스 **EBS ◐●**	• 한국교육방송공사(EBS)에서 운영하는 학습 관리 시스템 • EBS 통합 회원 가입을 해야 사용 가능하며 EBS 온라인 클래스는 교사 인증 후 개설 가능 • 클래스 강사 메뉴는 강좌 관리, 운영 관리, 회원 관리와 메뉴 관리로 구성
학교 온 **🏫 학교온**	• 교육부가 만든 온라인 학습 통합 지원 사이트 • 교사들이 직접 만든 다양한 온라인 학습 자료를 공유하고 필요한 자료를 찾기 쉽게 지원 • 학습 활동, 독서, 학습 습관, 건강 등의 활동 아이디어 제공 및 디지털 교과서 활동 아이디어 제공 • 학급방 개설 등을 원격으로 도움 제공

실시간 쌍방향 원격수업

실시간 화상 원격수업은 두 가지로 살펴볼 수 있습니다. 교사의 얼굴은 화상으로 제공되지만 학생들은 댓글로 소통하는 수업과 교사와 학생이 얼굴을 서로 보면서 이루어지는 수업입니다.

교사의 얼굴만 화상으로 송출되는 경우는 교사 중심의 강의식 수업에 적합합니다. 학생은 댓글로 교사와 소통이 가능하지만 학생과 학생 사이에는 소통이 되지 않는 단점이 있습니다. 실시간 쌍방향 화상수업은 교사와 학생의 얼굴이 화면에 모두 비춰지는 상태의 수업을 의미합니다. 이 경우에는 토의토론 수업, 배움 중심 수업, 학생들에 대한 즉각적 피드백이 가능하다는 것이 큰 장점입니다.

화상수업 도구는 구글 Hangout, MS 팀즈, Zoom, 시스코 Webex, 구글 Meet 등이 있습니다. 이들 중 학생들의 접근이 편리하고, 보완이 잘 되어 있는 프로그램의 선택이 중요합니다. 요즘은 각 시도별로 화상수업 지원 플랫폼을 개발하여 제공하기도 합니다. 그러나 무엇보다도 학생들의 배움 중심 수업, 학생 주체적 수업이 될 수 있는 플랫폼을 선정하는 것이 중요합니다.

1) 단방향 화상수업이 가능한 원격플랫폼

구분	내용
밴드 라이브	• 학급밴드, 교과밴드 등을 개설하여 실시간 스트리밍 수업 및 채팅 • 화면에는 교사 영상만 송출되므로 교사 중심, 강의식 수업에 적합 • 1회 최대 2시간까지 가능 • 게시글을 통해 이미지, 동영상, 학습지 파일, 음성 메시지 첨부 가능

구분	내용
카카오 라이브 톡 TALK	• 카카오 3인 이상의 단체 채팅방에서 라이브 방송과 동시에 채팅으로 의견 교류 • 라이브 톡을 개설한 사람의 영상과 음성을 공유하며, 참가자는 채팅으로만 참여 가능 • 화면에는 교사의 영상만 송출되므로 교사 중심, 강의식 수업에 적합

2) 쌍방향 화상수업이 가능한 원격플랫폼

구분	내용
ZOOM zoom	• 회의 개설은 앱 다운 및 계정 필요 • 참가자 회원 가입 또는 계정 불필요 • 공유된 링크로 즉시 화상 회의 참석 가능 • 개인 계정 가입 시 40분 무료(공직자 메일로 가입 시 100명 이상, 무제한 시간 일시적 허용) • 유료 버전은 추가 서비스(출석 및 로그인 기록, 설문 등) • 화면 공유, 채팅 기능, 채팅 자동 저장 기능 제공 • 소회의실 기능으로 다양한 짝 토론, 모둠 토의 가능
Google Hangout	• 구글에서 제공하는 커뮤니케이션 도구로 화상, 음성(전화), 메시지, 채팅 등을 이용 • 최대 10명까지 채팅 영상 통화 가능, 유료 프리미엄은 250명까지 가능 • 구글 클래스룸과 연동 • 다수 인원의 발표 및 소음을 통제하는 데 어려움

구분	내용
Google Meet	• 구글 미트는 구글 행아웃의 한 단계 윗 버전 • G-suit 계정이 있어야 회의 개설이 가능하고 참여자는 로그인 없이 회의 참여 가능 • 학교는 G-suit for education을 통해 무료 또는 할인가격으로 사용 가능 • 구글 Meet Grid View를 통한 격자 보기, 출석부 기능 제공, Breakout Rooms 확장 프로그램을 사용하여 소그룹 배정 가능 • 구글 클래스룸과 연동
Microsoft Teams	• MS365 계정 필요 • 학교로 부여된 Office365 라이센스를 이용해 무료 이용 가능 • MS365 다양한 앱 사용 가능 • 팀워크, 조별 협업에 유용 • 익숙하지 않은 플랫폼 • 교사가 학생 계정 생성 및 확인에 시간 소요
Cisco Webex	• Cisco Webex 앱 다운 및 계정 필요 • 웹엑스를 통해 화상 채팅방 개설 후 비디오 회의 시작 • 무료 계정 또는 유료 서비스 90일 무료 체험 서비스 사용
Skype	• MS 사의 원격 화상 통화 및 수업 도구 • 스카이프는 얼굴을 보고 통화를 할 수 있는 툴로 MS에서 수업용 서비스를 만들어 제공 • Onedrive 계정이나 교육청 오피스365 MS 계정이 필요 • 상대방의 MS 계정 활용하며 대화 가능 • Skype in the Classroom을 통해서 다른 나라의 교육자들과 연결할 수 있고 다양한 스카이프 관련 교육 정보 제공

구분	내용
온 더 라이브	• 시범 운영 중 • 참가자 회원 가입 또는 계정 불필요 • 3가지 화면 모드 제공(주화면, 부화면, 상호 작용 화면) • 동시 접속자의 수는 제한이 없으며(무료, 유료에 따라 다름), 교사의 모니터에 49명까지 보여줌 • 실시간 투표, 평가 기능, 피드백 대시보드

원격수업을 위한 보조 프로그램

교실 수업에서 다양한 활동이 필요하듯 원격수업도 다양한 보조 프로그램의 활용이 필요합니다. 보조 프로그램은 원격수업 도중에 교사가 학생의 학습을 확인하고 학생 상호 간 학습 공유를 위해서 활용됩니다. 수업 시간에 적합한 보조 프로그램들은 학습의 효율과 효과를 극대화하는 데 도움을 줍니다.

원격수업 보조 프로그램

구분	기능 및 활용 방법
패들렛	• 포스트잇을 게시판에 붙이듯 협업하는 프로그램 • 구글이나 이메일로 계정 만들기 • 교사 선택을 하면 5개의 무료 패들렛 제공 • 벽, 캔버스, 격자, 선반 등의 메뉴 제공

구분	기능 및 활용 방법
패들렛 padlet	• 링크나 QR, 이메일을 통해 패들렛 공유 • 실시간 참여가 가능하며 학생은 글쓰기, 이미지, 동영상, 유튜브 링크 추가 가능 • 이미지나 PPT로 저장 및 인쇄 가능
구글 설문	• 탬플릿 갤러리에 다양한 설문 양식 제공 • 질문 추가, 질문 가져오기, 이미지 추가, 동영상 추가, 단답형, 장문형, 객관식, 체크박스, 드롭다운, 파일 업로드 가능 • 실시간으로 응답에 대한 요약(그래프), 질문별 분석, 개인별 응답 제공
멘티미터 Mentimeter	• 실시간 여론 조사, 퀴즈 가능 • 차트형, 워드 크라우드형, 랭킹형, 이미지형 프레젠테이션 타입 등의 양식 제공 • 퀴즈를 구성하여 코드 번호 공유, 학생은 코드 번호를 입력하고 프레젠테이션에 참여
잼보드	• 구글의 스마트 전자 칠판(zoom의 화이트보드 공유, 패들랫의 중간 기능) • 주제별 분류하기, 브레인스토밍 등에서 활용 • 그리기, 글쓰기, 지우개, 이미지 삽입, 스티커 메모 기능 제공 • 레이저 포인터 기능 제공
라이브 워크시트 LIVE	• 오프라인 종이 학습지를 온라인 형태의 학습지로 변환시켜 배포 가능하며 결과는 실시간 확인 가능 • 다른 교사가 만든 공개 자료 공유 가능 • 주관식, 선택형, 줄긋기, 배열하기, 음성 및 동영상 첨부, 듣고 받아쓰기, 체크박스, 말하기 기능 등 제공 • 명령어가 단순하나 영어로만 가능

구분	기능 및 활용 방법
OneNote	• MS가 만든 클라우드 노트 앱 • MS 계정이 있어야 사용 가능 • 학생들과 실시간 소통 가능 • 파일 인쇄물, 텍스트, 이미지, 동영상 등의 자료를 손쉽게 탑재
Evernote	• Evernote Corporation에서 만든 클라우드 메모 앱 • 다양한 파일 첨부와 웹페이지 스크랩 등이 가능한 노트 클라우드 서비스 • OneNote와 비슷하면서 기능이 좀 더 간소화된 서비스
퀴즈앤	• 실시간 퀴즈 게임 러닝 프로그램 • 선택형, OX, 단답형, 순서 완성형, 초성 퀴즈, 토론, 설문, 영상, 워드 클라우드, 설명형 퀴즈 등을 제공하며 이미지와 유튜브 링크 가능 • Pin 번호 공유하여 실시간 참여 가능
마인 크래프트 Edu	• 디지털 블록을 이용한 게임 기반 수업 • 운영 체제에 맞는 다운로드 필요 • e-mail 형식의 Office 365 ID 필요 • 조작 방법을 익혀야 함, 블록을 이용하여 다양한 작품 만들기 가능(수학 도형, 입체 작품 등)
클래스카드	• 선생님으로 가입하여 클래스를 만들고 단어장 추가 • 객관식, 주관식 가능 • 단어 학습, 개념 이해 등에
플립그리드	• 교육모드 가입 시 무료 • 구글, 마이크로 소프트 계정 이용

구분	기능 및 활용 방법
플립그리드 FLIPGRID	• 주제를 기반하여 비디오로 이루어지는 소셜 학습 (악기연주 모습, 이야기, 역할극 등) 가능 • 그리드 생성하여 학생 초대 및 과제 생성하면 학생은 과제 업로드(업로드 영상 시간을 제한하고 있으며, 선생님이 승인한 영상만 업로드 가능)
카훗 Kahoot!	• 학습 게임, 평가 앱 • 퀴즈를 만들어 실행, 개인별 참여 및 팀별 참여 기능 제공 • 학생들은 교사가 제시한 Pin 번호로 실시간 문제 풀기 참여 • 결과를 그래프, 순위, 선착순 등으로 제시 • 간단한 지식 평가, 모둠별 퀴즈 등으로 활용
띵커벨 띵커벨	• 실시간 퀴즈, 토의토론 서비스 • 플레이 참여 인원 40명까지, 전체 공개 가능 • 퀴즈는 OX, 선택형, 단답형, 서술형 제공 • 토의토론은 찬성 반대, 신호등, 투표, 가치수직선, 워드 클라우드 등 가능

교육 자료 제작 지원 도구 알아보기

원격수업에서는 다양한 콘텐츠를 활용할 수 있습니다. e-학습터, 에듀넷, EBS 방송 클립 등을 활용할 수도 있지만, 우리 아이들은 교사가 직접 제작한 콘텐츠를 선호합니다. 우리 아이들에게 맞춤형으로 만들기 때문이기도 하지만, 교사의 정성과 노력이 그대로 아이들에게 전달되기 때문일 것입니다. 선생님의 따뜻함이 묻어나는 목소리가 더 정겨울 수 있습니다.

많은 교사들이 콘텐츠를 직접 제작하고 있습니다. 하지만 교육자료를 제작할 때 시간과 노력이 많이 듭니다. 배우기가 어렵고 전문가처럼 제작하기에는 한계도 있습니다. 따라서 현장에서 간단하게 배우고 사용할 수 있는 프로그램을 이용하는 것을 추천합니다. 가장 손쉽게 제작할 수 있는 것으로 PPT를 활용한 수업 콘텐츠 만들기입니다.

구분	기능 및 활용 방법
파워포인트 녹화기능	• PPT 녹화 기능은 교사의 음성이나 얼굴이 들어간 수업 영상을 쉽게 제작할 수 있는 툴 • PPT 상단 메뉴의 녹화/슬라이드 쇼 녹화를 통해 녹화하고 싶은 PPT 녹화 • 파일/동영상 내보내기/비디오 만들기를 눌러 영상 제작 완료
Sway	• MS에서 만든 웹 프레젠테이션 도구 • MS 계정 필요 • 간단하게 웹 문서 작성 • 텍스트, 이미지, 동영상, 유튜브 링크를 첨부할 수 있으며 생성된 웹 프레젠테이션은 링크 복사를 통해 공유 • 계정이 없는 사람도 확인할 수 있도록 공개 가능
무비메이크	• 동영상을 편집할 수 있는 툴 • 배경 음악, 타이틀, 자막 등을 추가할 수 있음 • 업그레이드된 윈도우에서는 더 이상 지원되지 않는 구버전 • 윈도우 10 비디오 편집기 프로그램으로 대치됨

구분	기능 및 활용 방법
클로버 더빙	• 네이버에서 제공하는 다양한 목소리 제공 툴 • 네이버 웨일, 크롬에서 사용 가능 • 주어진 텍스트를 다양한 음성으로 생성, 미리 듣기 가능

그 외 활용 가능한 프로그램

- AnswerGarden: 워드 클라우드에 다수가 참가할 수 있는 도구
- Playposit: 상호 작용 가능한 비디오 플랫폼
- Socrative: 수업 평가 및 피드백용 교육용 앱
- Quizizz: 온라인 퀴즈 및 학습지 제작 및 배포 가능
- Quizalize: 시험을 단체 활동 및 게임으로 변환하는 도구
- Edulastic: 다양한 상호 작용이 가능한 온라인 시험지 작성 도구
- Quizlet: 플래시 카드형 온라인 단어 학습 도구
- Kaizenna: 구글 Docs 연계, 평가 루브릭 제공
- Pear Dec: 평가 및 피드백 상호 작용을 할 수 있는 앱
- TES Blendspace: 온라인상의 강의 마켓, 유료·무료 교육 재료 제공
- Symflow: 국내 유료 피드백 앱

학년에 따른 원격수업 플랫폼 방식은?

온라인 수업의 시작

온라인 개학과 함께 3월 말부터 현장에서 활용할 수 있는 수많은 콘텐츠가 쏟아졌습니다. e-학습터에 검색만 하면 링크할 수 있는 교수·학습 활동 콘텐츠, EBS 프로그램, 상호 작용이 가능한 디지털 교과서 E-Book 등이 현장에 제공되었습니다. 교사가 일일이 살펴볼 수도 없을 만큼 그 양이 많았습니다. 각 학교 현장에 맞는 콘텐츠를 구현하기 위해 교사들이 직접 콘텐츠 제작에 나서기도 하였습니다. 처음 시작하는 원격수업은 콘텐츠 활용 중심 수업을 기반으로 학교, 교사, 학생이 해야 할 일을 구분하여 학교 현장이 움직이기 시작하였습니다.

· **학교**

학교 단위에서 활용할 학습 관리 시스템(EBS 온라인 클래스, e-학습터,

위두랑, 민간툴 등)을 별도로 지정하거나 교과·교사별로 자율 활용할 수 있도록 원격교육 계획 수립

• 교사

학년·교과 특성에 따라 기존 콘텐츠 및 자체 제작 콘텐츠를 해당 학습 관리 시스템에 성취기준별로 학습 적정량을 등록

• 학생

학습 관리 시스템에 접속하여 교사의 등록 과제에 따라 학습을 수행(강의 시청, 퀴즈 풀이, 댓글 토론, 과제 수행, 질의응답 등)

갑작스러운 원격수업이었지만 콘텐츠 활용과 과제 중심형으로 학교 교육은 굴러가고 있었습니다. 그러나 이 두 가지로만 이루어지는 원격수업에는 한계가 드러났습니다. 학생들의 과제 수행 정도가 명확하지 않았습니다. 개인 학습에 대한 즉각적인 피드백이 잘되지 않으니 학생 간 격차가 벌어졌습니다. 학생들의 상호 소통도 줄어 교육 현장이라고 말하기에는 부족함이 많았습니다. 이에 따라 교사, 학부모, 학생 모두 제대로 된 실시간 쌍방향 원격수업의 필요성을 느끼게 되었습니다.

원격수업은 콘텐츠 활용 중심 수업, 과제수행형, 그리고 쌍방향 화상수업이 적절하게 안배되어 움직일 때 학습 효과를 가져올 수 있습니다. 쌍방향 화상수업만 효율적이고 효과적이라고 할 수 없습니다. 또한 지역과 학교, 학년에 따라서 조금씩 다르게 학교에서 적용될 수밖에 없습니다. 초등학교라고 해서 똑같이 적용될 수도 없습니다. 저학년과 고학년도 적용 가능한 플랫폼과 원격수업 방법이 다를 수밖에 없습니다.

1~2학년 원격수업

원격수업 시대가 열리고 가장 고민이 깊은 대한민국 교사는 단연 1~2학년 선생님일 것입니다. 1~2학년 학습의 경우 발달 단계상 구체적 조작 활동이 많아야 합니다. 따라서 대면 수업이 주를 이루어야 하는 학년입니다. 그럼에도 불구하고 어쩔 수 없는 상황이기에 원격수업으로 운영되고 있습니다. 특히, 아직 글자도 제대로 배우지 못한 1학년 대상 원격수업은 콘텐츠 활용 수업이든지 과제수행형이든지 학부모의 도움 없이 학생 스스로 학습을 하기는 어렵습니다. 이러한 문제를 조금이라도 줄이기 위해 유무선 전화, 학급밴드, 카톡 화상 통화 등으로 과제에 대한 피드백과 상담을 하고 있습니다. 그리고 아이들과 좀 더 적극적으로 만나는 방법에 대해 고민과 연구를 하고 있습니다. 컴퓨터 조작과 온라인 프로그램 활용 수업이 어렵기에 학습 꾸러미를 제작하여 활용하는 학교가 많습니다.

1) EBS 교육 방송과 학습 꾸러미 활용 과제형 원격수업

EBS 교육 방송 시청	학습 꾸러미 과제 해결하기	교사의 피드백

· EBS 플러스2
  TV 시청
  (국어, 수학)
	· 교사 제작 학습 꾸러미
	  과제 해결하기
		· 전화, 카톡, 학급별
		  밴드 등을 이용
		· 등교수업 일 피드백

원격수업 시대가 열렸지만 스마트 기기 활용이 어려운 1~2학년 학생들

을 위해 교육부는 급하게 EBS 교육 방송으로 학습을 대체한다고 발표하였습니다. 그러나 EBS 교육 방송은 TV 방영 시간을 지켜서 아이들이 시청해야 하는 프로그램입니다. 상호 작용을 할 수 없으며 교육 내용과 방법이 모두 일제화된 방송이라 아이들의 수준에 맞출 수는 없었습니다. 처음에는 신기한 듯 재미있게 시청했더라도 기간이 길어질수록 반복된 패턴과 수동적인 학습으로 아이들은 지겨워합니다. 방송을 시청했더라도 자기 주도적 학습력이나 내면화 과정이 이루어지기 어렵습니다. 2학기가 시작되면서 EBS 교육 방송은 안내를 통하여 필요한 학생들에게 자유롭게 시청하게 하고, 학급의 교육과정을 계획하여 원격과 대면 수업을 운영하는 선생님들이 많아졌습니다.

2) e-학습터와 학습 꾸러미, 실시간 피드백 원격수업

e-학습터	학습 꾸러미 과제 해결하기	교사의 피드백
· EBS 콘텐츠 · e-학습터 콘텐츠 · 교사 제작 콘텐츠 · E-Book	· 교사 제작 학습 꾸러미 과제 해결하기 · 학급 밴드(플랫폼)에 과제 올리기	· zoom 등으로 실시간 과제 피드백 · 전화, 카톡, 학급별 밴드 등을 통한 피드백 · 등교수업 일 피드백

학교가 처한 환경에 따라 1~2학년의 경우에도 스마트 기기로 수업이 가능한 경우에는 콘텐츠 활용 학습과 학습 꾸러미를 운영하는 학교들도 생겨났습니다. 학생의 관리를 위한 활동은 실시간 화상으로 확인하고 피드백하는

방향으로 변화했습니다.

3) e-학습터와 실시간 플랫폼을 활용한 원격수업

e-학습터	실시간 플랫폼 학습 꾸러미	교사의 피드백
· EBS 콘텐츠 · e-학습터 콘텐츠 · 교사 제작 콘텐츠 · E-Book	· 실시간 원격플랫폼을 활용한 출석, 학습 안내 및 간단한 수업 · 교사 제작 학습 꾸러미 · 학급 밴드(플랫폼)에 과제 올리기	· 실시간 활동 피드백 · 전화, 카톡, 학급별 밴드 등을 통한 피드백 · 등교수업 일 피드백

　　요즘은 저학년도 zoom과 같은 실시간 화상 플랫폼을 통해서 일상과 감정 등을 나누고, 간단한 학습과 놀이를 할 수 있는 활동을 준비해서 한 시간 정도 아이들과 직접 소통하는 선생님들이 늘어나고 있습니다. 한 번 두 번 아이들과 실시간으로 만나는 경험을 쌓아 가면서 저학년도 실시간으로 수업할 수 있음을 보여 주고 있습니다. 하지만 아직은 컴퓨터 사용 방법이나, 원격수업 플랫폼이 저학년 아이들에게는 어려울 수 있으므로 스마트폰으로 간단히 화상을 경험하는 것부터 시작하는 것이 좋습니다. 사이버 공간에서 친구를 만날 수 있고, 대화할 수 있는 경험부터 쌓아 가면서 아주 기본적인 활동을 적용해 보길 바랍니다.

　　대한민국 1~2학년 선생님들에게 2020년 1학기는 힘든 시간이었습니다. EBS 교육 방송 프로그램의 일괄적인 수업 진도와 그에 맞춘 학습 활동지,

비대면 수업에 맞춘 학습 꾸러미를 제작하는 데 많은 시간을 보내야 했습니다. 전국의 선생님들이 연구한 학습 꾸러미들은 서로 공유되었고, 학생들의 질 좋은 배움을 위해 함께 노력하고 있습니다. 그러나 학습 꾸러미는 교사들의 노력과는 별개로 돌봄이 부족한 저학년은 스스로 과제를 해결하지 못하므로, 등교수업에서 교사의 적절한 피드백이 필요합니다.

3~6학년 원격수업

학교는 단계별 사회적 거리두기를 지키며 원격수업과 등교수업을 시행하고 있습니다. 한 교실에서 함께 웃으며 수업하고 노래하는 시간을 당분간 가질 수 없을 것 같기도 합니다. 휴업, 원격수업, 부분 등교수업을 하며 언제라도 전면 원격수업으로 대처될 수 있는 시대를 살고 있습니다.

사회적 관계를 형성하고 또래 집단을 통해서 배움을 익히고 지적인 발달과 함께 전인적 성장을 해야 할 시기에 고립되어 사이버 공간에서 친구를 만나는 아이들이 안타깝기만 합니다. 하지만 그 속에서 우리 아이들이 꿈과 끼를 키울 수 있는 쌍방향 수업을 위해서 노력하고 있습니다. 특히 3~6학년 아이들은 스마트 기기 사용이 익숙하고, 다양한 스마트 기기를 활용해 게임과 유튜브 채널 시청을 하고 있는 세대의 특징이 있습니다. 이 친구들은 어쩌면 교사들보다도 더 사이버 공간의 장벽을 느끼지 않을 수 있습니다.

1) 3~6학년 콘텐츠 활용 및 과제수행형 원격수업

e-학습터	과제수행 하기	교사의 피드백
· EBS 콘텐츠 · e-학습터 콘텐츠 · 교사 제작 콘텐츠 · E-Book	· 클래스팅, 학급 홈페이지, 학급밴드 등을 활용하여 과제 올리기 · 과제 상호 피드백 하기	· zoom 등으로 실시간 과제 피드백 · 전화, 카톡, 학급별 밴드 등을 통한 피드백 · 등교수업 일 피드백

1~2학년과 달리 스마트 기기를 활용할 수 있는 3~6학년은 e-학습터 온라인 학급에 접속하여 원격수업을 시작하였습니다. 그러나 e-학습터만으로는 학생 관리 및 피드백이 역부족이었으므로 카톡, 밴드 등 다양한 소통 도구를 이용하였습니다.

2) 3~6학년 블랜디드 러닝 적용 쌍방향 원격수업

콘텐츠 활용 학습	실시간 쌍방향 수업	협업 도구 활용	소통 및 과제 피드백
· e-학습터 · EBS 콘텐츠 · 교사 제작 콘텐츠 · E-Book · 유튜브 · 웹 자료 · 교과서, 교재 등	· zoom · MS Teams · 구글 행아웃 · 구글 Meet 등	· 구글 협업 도구 · MS 협업 도구 · 패들렛 · 잼보드 · 맨티미터 · 라이브워크 시트 등	· 클래스팅 · 학급 홈페이지 · 위두랑 · EBS 온라인 클래스 · 카카오톡 · 학급밴드 등

원격 질문 수업을 위한 zoom 알아보기

온라인 학습을 위한 플랫폼과 프로그램은 위에서 살펴본 것처럼 다양합니다. 장점만 있는 것이 아니라 단점들이 각각 존재합니다. 따라서 좋고 나쁜 것이 아니라 '각자의 수업에 더 적합한 것을 선택하는가'가 중요합니다. 교사와 학생이 편리하게 접근할 수 있고, 상호 작용이 가능한 플랫폼 내에서 여러 가지 프로그램을 활용해 볼 수 있습니다.

또한 보안 상태를 확인하는 것도 중요합니다. 교사와 학생의 초상권이나 사용자 이용 정보가 외부로 유출되어서는 안 됩니다. 요즘의 원격플랫폼은 보안 기능을 추가하여 좀 더 안전하게 사용할 수 있도록 프로그램을 업데이트하고 있습니다.

첨단 기기의 발달로 시대가 변화하고 생활은 더 편리해졌지만, 사람과 사람 사이에는 만남을 통한 소통이 중요합니다. 온라인상에서도 마찬가지로 서로의 생각을 교류하고 협력하면서 학습이 이루어져야 합니다. 그 원격수업의 도구가 무엇인지보다 수업에 어떻게 활용하는가를 고민해야하는 시점입니다.

원격수업 플랫폼은 서로 다른 듯 같은 기능들을 보유하고 있습니다. 하나의 플랫폼을 잘 운영할 수 있으면 또 다른 플랫폼도 두려움 없이 접근할 수 있습니다. 교육 현장에서는 zoom, MS 팀즈, 구글 Meet를 많이 활용하고 있습니다. 여기서는 원격 질문 수업에 용이한 zoom의 기능과 활용법에 대해서 알아보겠습니다.

실시간 쌍방향 원격수업을 위한 zoom의 장점

1) 접근성

학생의 별도 가입 없이 원격학습에 바로 접근할 수 있다는 것이 zoom의 장점입니다. 링크를 받으면 누구나 접속할 수 있으므로 학습자가 아니더라도 온라인 수업에 들어올 수 있습니다. 누구나 접속이 가능하다고 해서 아무나 들어올 수 있는 것은 아닙니다. 화상수업에 들어오더라도 학습자가 아니면 바로 대기실로 보내거나 학습장에서 제거하기를 선택하면 됩니다.

또한 사전 접근을 방지하기 위해서는 대기실 모드를 활성화하여 자동 승인이 아니라 수동으로 회의실 참여를 수락하여 운영하는 것도 하나의 방법입니다. 최근 zoom은 업데이트를 통해서 보안 기능을 추가하였으며, 회의방에 비밀번호를 추가하여 강화된 보안 장치를 하였습니다. 사용자는 주기적으로 업데이트하여 사용하기를 권합니다.

대기실	

2) 화면 공유

화면 공유 기능이 있어 학습 자료 제공이 쉽습니다. 교사가 제공하는 학습 화면이나 학생들이 보여 주고자 하는 것을 공유함으로써 배움 증진을 돕습니다. 교사의 자료만 공유할 수도 있고, 참가하는 모든 학생이 자신의 학습을 공유할 수도 있습니다. 화면 공유의 경우 사전에 학습자에게 비활성을 설정하였다고 하더라도 수업 도중에 활성화로 변경할 수 있습니다. 언제든지 변경 가능합니다.

화면 공유
호스트와 참가자가 회의 중에 화면이나 콘텐츠를 공유할 수 있도록 허용합니다.
누가 공유할 수 있습니까?
● 호스트만 ○ 모든 참가자 ⑦
다른 누군가가 공유 중인 경우 누가 공유를 시작할 수 있나요?
● 호스트만 ○ 모든 참가자 ⑦

3) 소회의실

짝 토론이나 모둠 토론 활동을 가능하게 해 줍니다. 화상에서 소회의실로 배분되었다가 다시 메인으로 돌아오기도 하고, 소회의실 내에서 학생이 서로 교환되어 이동할 수도 있습니다. 원격 질문 수업의 수업 형태를 가능하게 해 주는 아주 중요한 기능입니다. zoom 회의방을 열기 전에 설정에서 소회의실 모드를 ON으로 설정해 두어야만 소회의실 메뉴가 열립니다.

소회의실

호스트가 회의 참가자를 별도의 더 작은 회의실로 나눌 수 있습니다.

☑ 예약 시 호스트가 참가자를 소회의실에 할당하도록 허용 ☑

zoom의 세부 기능과 사용 방법

메뉴	내용
로그인 하기	• 회원 가입으로 로그인 • 오른쪽 상단 회의 호스팅의 비디오 ON 클릭 • 회의 브라우저 열기
음소거	• 왼쪽 하단의 음소거 옆 ∧ 선택으로 환경 설정 • 본인이 사용할 음향 시설, 마이크와 스피커 선택 • 회의 전 본인이 사용할 마이크와 스피커 테스트하기
비디오	• 실시간 쌍방향 소통이 중요하므로 비디오 켜고 수업 참여 • 비디오 시작/중지 선택할 수 있음
보안	• 대기실: 학생들이 수업 입장 시, 자동 또는 수동 승인 결정하여 사용 • 참가자 허용 범위: 화면 공유, 학생 스스로 이름 바꾸기 등을 설정(학생 이름을 자주 변경하면 관리가 어려우므로 본명 사용 원칙)
참가자	• 참가자 클릭하면 오른쪽 창에 참가자 현황 보임 • 회의창에 병합하여 볼 수 있고, 팝업 보기 가능 • 학생들의 전체 음소거 및 해제 가능

메뉴	내용
공유	• PPT, 동영상, 각종 문서 등을 화면에 공유 • 공유 옵션 더보기를 활용 • 공유-고급 '두 번째 카메라의 콘텐츠': 교사는 두 개의 카메라로 수업 가능. 두 번째 카메라를 이용하여 실물 화상기 기능으로 사용 • 공유-고급 '파워포인트를 가상 배경': 공유한 PPT의 화면에 교사의 얼굴을 넣을 수 있음, 교사 얼굴 위치 변경 가능, 아이들은 교사의 얼굴과 PPT를 동시에 보면서 수업 가능
공유 옵션 더보기	• 참가자 활동을 제어할 수 있는 도구 • 주석 이름 표시: 학생 주석 사용 기능 제어 또는 주석 사용 시 누가 작성했는지 확인 가능 • 참가자의 주석은 수업 내용에 따라 조절하여 사용 • 공유 옵션-더보기 '전체 화면 비디오클립으로 최적화': 줌 창의 화질(해상도)은 낮아지면서 영상 송출 속도를 높임. 영상 끊김 현상을 보완함(유튜브 등 동영상을 송출할 때 이 기능 활용)
소회의실	• 짝 토론이나 모둠 토론 때 소회의실 기능 활용 • 학생 수를 자동(임의) 배분, 수동(교사) 배분해서 운영 • 참가자가 직접 소회의실 참가: 교사가 회의실을 열면 아이들이 정해진 모둠 프로젝트 방을 직접 선택해서 정해진 기간 동안 활동할 수 있음 • 교사는 소회의실에 참가하여 지도 가능
화이트 보드	• 교사의 칠판과 같은 기능 • 교사의 설명과 안내를 위해 활용 • 학생들의 생각, 질문, 학습 내용을 동시에 작성하여 공유하여 살펴볼 수 있음 • 전체 학습자 생각을 한 번에 공유, 피드백 가능

zoom 수업방 운영 어떻게 하나요?

1) 나의 회의(수업) 예약하기

- 수업 명, 수업 주제를 입력합니다.
- 간단한 수업 안내, 수업 설명을 입력합니다.
- 수업 시간은 여유 있게 설정합니다. 수업 시간 이전에도 언제든지 회의를 시작할 수 있습니다.
- 반복되는 수업은 되풀이 설정을 합니다.
- 대기실 설정을 해 두면 학생은 교사가 입장 허락해야 수업방에 참석할 수 있습니다.
- 비디오를 켜기, 끄기 설정을 선택합니다.
- 입장 시 참가자 음소거를 설정합니다. 입장 시 주변의 소음은 수업 방해가 됩니다.
- 저장해도 언제나 수정 가능합니다.
- 되풀이 회의 수정도 일괄 적용하면 모든 회의에 적용됩니다. 되풀이 회의에서 언제든지 수정, 삭제, 복원이 모두 가능합니다.

2) 나의 회의방(수업방)의 장점

- 회의 시작은 내가 설정해 놓은 시간과 상관없이 언제나 가능합니다.
- 초대복사를 클릭하면 내 회의방의 정보를 보여 줍니다.
- 회의 편집은 언제나 가능합니다.

3) 나의 회의 개인 설정도 확인해 주세요

- zoom에 로그인하여 나의 회의 프로필을 수정해 주세요. 프로필에서 표준 시간대가 서울로 되어 있는지도 확인합니다(다른 나라로 되어 있는 경우는 회의 예약을 하면 다른 나라의 시간으로 예약됩니다).
- 설정에서 나의 회의 보안, 회의 중(기본, 고급)의 설정을 나의 회의에 맞게 설정합니다. 대기실, 암호, 비디오, 채팅, 파일 전송, 화면 공유, 주석, 소회의실 등의 설정을 할 수 있습니다.

4) zoom 수업 시작 방법은?

예약 회의에 가면 [시작] [편집] 기능이 보입니다. 시작 버튼을 누르고 각 반 수업을 시작합니다. 꼭 예약한 시간이 아니더라도 먼저 시작하는 것은 언제나 가능합니다. 종료 시간이 지나면 예약 화면에서 그 수업은 사라집니다.

5) 아이들은 어떻게 참여하나요?

학생들의 플랫폼인 e-학습터 강좌 관리에서 콘텐츠 URL로 등록할 수 있습니다. 교사의 원격수업 플랫폼 회의방을 수업 강좌에 링크해 두면 학생들은 별도의 ID와 패스워드 없이 차시별 쌍방향 수업에 참여할 수 있습니다. 학급 밴드나 홈페이지가 있으면 회의 링크, ID, 패스워드를 공지합니다.

6) PMI가 뭔지 모르겠어요

새 회의를 클릭하면 PMI(Personal Meeting ID)가 있습니다.

zoom에는 나의 개인 회의 ID와 패스워드를 제공합니다. zoom 홈페이지 로그인 화면에서 나의 회의방 설정에서도 PMI를 확인할 수 있습니다.

이 개인 회의 ID와 패스워드로 모든 회의를 열게 되면, 내가 수업할 때 다른 반 친구들도 들어올 수 있습니다. 선생님의 개인 회의 ID와 패스워드는 개인적인 회의방으로 사용하고, 학습방은 자동으로 형성되는 ID와 패스워드를 사용하기를 추천합니다. 되풀이 예약을 해 놓으면 항상 같은 ID와 패스워드라서 불편함은 없습니다.

7) 호스트 회수 기능을 활용해보세요

회선의 불안정으로 학생뿐만 아니라 호스트인 교사가 수업방에서 튕겨 나가기도 합니다. 이 경우엔 다시 그 수업방으로 접속해서 돌아오면 됩니다. 다시 돌아왔을 때 호스트 권한이 학생 한 명에게 넘어가 있습니다. 학생이 스스로 교사에게 호스트 권한을 넘겨줄 수도 있지만 회의 개설자인 교사가 그 권한을 회수할 수도 있습니다. 참가자 모드 하단에 '호스트 회수' 메뉴를 클릭하여 호스트 권한을 다시 찾을 수 있습니다.

8) zoom을 정기적으로 업데이트해 주세요

바로가기 zoom을 로그인하고 오른쪽 상단에 나의 프로필을 클릭하면 다양한 메뉴가 보입니다. 여기서 업데이트를 할 수 있습니다. zoom 프로그램을 업데이트해서 활용해 보세요. 보안 기능이 추가되어 훨씬 더 안정적으로 사용할 수 있게 되었습니다. 업데이트 메뉴를 찾지 못할 경우 다운로드방에서 회의용 zoom 클라이언트를 새로 다운로드하면 됩니다.

zoom 세부 기능 중 알짜 활용 Tip이 있다면?

1. 설정 시 '화면 공유 중 줌 창 표시'

수업 준비 시간, 아이들이 대기실에 있을 때 미리 허락해서 유튜브로 우리가 배우게 될 내용에 관련된 영상 등을 보면서 수업을 기다리는 방법도 활용해 봅니다. 교사는 아이들이 수업에 참여할 수 있도록 대기실을 체크하고 입장하는 아이들 한 명 한 명의 표정을 살필 수 있는 시간이 됩니다. 이때 설정에서 '화면 공유 중 줌 창 표시' 기능을 켜 두면 영상의 음악을 들으면서 실시간 화면에서는 갤러리 보기가 가능합니다. 아이들도 음악을 들으며 입장하는 친구들의 모습을 함께 볼 수 있습니다. 하지만 이 기능을 사용하지 않고 사전 영상을 제공하게 되면 아이들의 화면에서 친구들이 잘 보이지 않아서 헷갈립니다. 어느 정도 실시간 수업에 익숙해지면 적용해 봅니다.

2. 두 번째 카메라의 콘텐츠

공유-고급에 포함되어 있는 기능입니다. 두 개의 카메라로 수업을 하는 것입니다. 웹캠으로는 교사를 비추고, 실물 화상기로는 학습 자료를 비추어서 학습을 도와줍니다.

3. 파워포인트를 가상 배경

공유-고급에 있는 기능으로 공유하고 싶은 PPT의 화면에 교사의 얼굴을 넣을 수 있습니다. 교사의 얼굴 위치 변경도 가능하여 아이들은 교사의 얼굴과 PPT를 동시에 보면서 수업이 가능합니다.

4. 전체 화면 비디오클립으로 최적화

공유 옵션에 있는 메뉴로 줌 창의 화질(해상도)은 낮아지면서 영상 송출 속도를 높여 줍니다. 영상 끊김 현상을 보완한 기능으로 유튜브 등 동영상을 송출할 때 활용이 가능합니다.

chapter3.

하브루타 질문 수업이
원격으로
가능해?

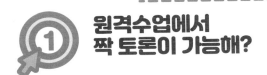

원격수업에서 짝 토론이 가능해?

사람을 만나는 시간

수업 시간이 너무 즐거워요.

친구가 도와주니 공부하기가 더 편해요.

짝이랑 함께 더 공부하고 싶어요.

실시간 쌍방향 수업을 통해 하브루타 질문 수업에 참여한 친구들의 경험 담입니다. 도대체 어떤 수업이었기에 이런 이야기가 가능한 것일까요? 온라 인 수업 하면 교사가 주도하는 일방적인 수업이 떠오를 겁니다. 일방적으로 교사가 안내하고 학생들 몇 명의 대답으로 진행되는 수업. 사실 등교수업에 서도 토론 수업이나 협력 수업이 되지 않으면 교사가 통제하는 일제식 수업 이 되기는 마찬가지입니다. 교사 주도의 수업에서 학생 배움 중심으로 수업 구조를 만드는 일은 학습의 물리적 공간과 상관없이 이루어져야 합니다. 온라인 수업이라고 해서 배움 중심 수업의 철학이 바뀔 수는 없습니다. 수업은 사람을 만나는 시간입니다. 온라인이든 오프라인이든 수업의 목적은 사람을 만나 배움을 익히는 것입니다.

삶을 배우는 시간. 단순히 지식을 익히는 것만이 아니라 그 속에서 지혜를 배우고 함께 나아갈 길을 찾아가도록 도와야 합니다.

학습이 즐거워지도록 해 주는 수업. 다름의 뉘앙스를 배우고 대화를 통해 사고를 확장할 수 있으며, 삶을 공유하고 더 공감할 수 있는 시간이 되어야 합니다.

이 모든 것이 이루어지도록 학습의 구조를 만들어야 합니다. 성공적인 수업의 관건은 아이들이 수업에 적극적으로 참여할 수 있게 만들어주는 구조입니다. 그러기 위해서는 첫째, 학생들이 수업에 몰입하고 학습할 수 있는 적절한 과제가 제시되어야 합니다. 둘째, 누군가와 함께 할 수 있다는 즐거움이 동시에 존재해야 합니다. 그래야만 '재미'라는 요소와 함께 학습의 지속성이 강해집니다. 이러한 학습이 잘 이루어질 수 있도록 구현해 주는 온라인 수업 플랫폼을 선택하는 것도 원격 질문 수업을 성공적으로 이끌 수 있는 중요한 과제입니다.

온라인상의 짝 이동 학습 구조 (zoom 소회의실 활용)

질문 수업의 여러 가지 구조 중 짝 활동은 아주 중요합니다. 질문을 만들고 대화할 때 1:1의 학습 형태는 학습의 효율성을 올려 줍니다. 그러나 온라 인상에서 꼭 2인 1조의 학습 형태만 고집할 필요는 없습니다. 경우에 따라서 3인 1조, 4인 1조 등으로 언제든지 변형할 수 있습니다. 가장 중요한 것은 '다 양한 짝과의 만남'입니다. 고정된 짝과의 대화가 아니라 한 반의 다양한 짝 과 함께 자유롭게 생각을 나눌 때 사고가 확장됩니다.

오프라인에서 학생들이 친구와 함께하는 즐거움을 누리는 것처럼 온라 인에서도 즐거움을 누릴 수 있도록 해야 합니다. 긍정적 학습 정서를 올려 주 는 요소인 '짝 활동'은 온라인에서도 실현되어야 합니다. 오프라인에서만 1:1 대화를 하는 것이 아닙니다. 온라인에서도 1:1 대화의 장을 만들 수 있습니 다. 화상수업을 할 수 있는 다양한 프로그램 중 zoom 프로그램의 소회의실 메뉴로 짝 토론, 짝 활동을 응용하여 운영할 수 있습니다. zoom 프로그램에 서는 전체 회의 진행 중 부서별 회의를 진행하기 위해서 만든 메뉴일 겁니다. 프로그램의 기능을 수업에 적합하게 활용하여 운영하면 됩니다.

전체
활동
zoom
갤러리
보기

소회의실	• 하단 메뉴의 소회의실을 클릭하면 팝업창이 뜸 • 2인 1조, 3인 1조 등 참여할 인원을 정하여 소회의실 열기 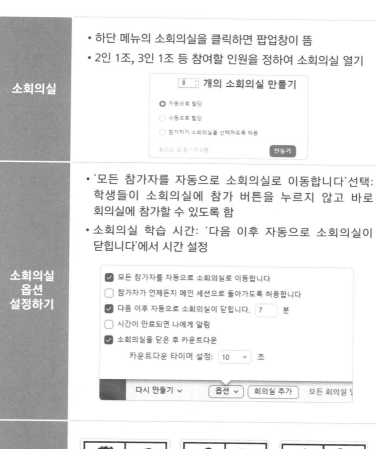
소회의실 옵션 설정하기	• '모든 참가자를 자동으로 소회의실로 이동합니다'선택: 학생들이 소회의실에 참가 버튼을 누르지 않고 바로 회의실에 참가할 수 있도록 함 • 소회의실 학습 시간: '다음 이후 자동으로 소회의실이 닫힙니다'에서 시간 설정

**모든
회의실
열기
(2인 1조)
8개 그룹**

8개의 소회의실 만들기
2인 1조로 친구를 만나 대화하는 장면

처음 2인 1조의 소그룹 형태로 친구를 만나게 되면 어색할 수도 있습니다. 한 반 전체 친구들의 얼굴을 보고 있다가 느닷없이 1:1로 만나고 있으면 학습 대화를 잘 연결하지 못합니다. 그러나 이러한 경험도 익숙하게 되고, 경험이 누적되면 학생들은 자유롭게 대화합니다. 또한 학습할 과제가 명확하게 제시되어 있다면 2명이기에 더 적극적으로 학습에 참여하게 됩니다.

소회의실 활용 시 주의할 점

　소회의실을 사용하기 위해서는 앞서 설명한 것처럼 zoom 회의를 시작하기 전 설정에서 소회의실 메뉴를 ON으로 변경해 두어야 메뉴가 생성됩니다.

　zoom 프로그램의 소회의실은 단위 수업 시간 내에 소그룹으로 보내었다가 전체로 학생들을 모이게 하는 정말 유용한 기능입니다. 이 소회의실 기능 덕분에 자유롭게 1:1로 만나 각자의 생각을 자유롭게 이야기할 수 있습니다. 그러나 이러한 좋은 기능에서도 주의할 점은 존재합니다. 2인 1조, 또는 3인 1조의 소회의실로 각 학생이 할당되면 교사는 한 개의 소회의실 참가만 가능해서 다른 소회의실에는 교사가 존재하지 않습니다. 사이버 공간에서 학생 둘만의 공간이 만들어집니다. 그러하기에 학습 상황에서 벗어난 활동을 하거나 문제가 일어날 수도 있습니다. 모든 학생이 교사의 의도대로 움직이는 것이 아니기 때문입니다. 수업을 좀 더 구조적으로 촘촘하게 만들어 주어야 합니다. 수업 관련 내용은 다음 장에서 좀 더 구체적으로 살펴보겠습니다.

첫째, 대화의 주제는 주어졌지만 앞서 말한 것처럼 너무 어색해서 이야기를 나눌 수 없는 학생들이 있습니다. 학생들이 대화하지 않는다면 교사가 짝 대화를 통해서 얻고자 한 학습의 결과를 얻을 수가 없겠지요. 그러나 이러한 문제는 온라인상에서만이 아니라 오프라인에서도 마찬가지로 나타납니다. 자주 만나 익숙해져야 대화가 잘 이루어집니다. 또한 다른 짝을 만나면 이러한 문제가 해결되기도 합니다. 그래서 수업 시간에 다양한 짝을 만나게 해 주는 것이 좋습니다.

둘째, 주어진 과제와 전혀 상관없는 대화를 하는 경우입니다. 물론 이 경우도 짝을 어떻게 만나는가에 따라 다를 수 있습니다. 학습 주제가 명확하고, 긴박하게 해결해야 할 과제가 주어지면 과제 수행의 몰입도를 올릴 수 있습니다. 교사는 학생들의 과제 수행 능력, 소요 시간을 예측하고 소회의실을 열어야 합니다. 과제 난이도가 낮거나 대화할 내용이 없는데 너무 많은 시간을 배분하는 것은 좋지 않습니다.

셋째, 학생들 간의 사이가 좋지 않은 경우, 사소한 문제가 발생하는 경우가 있습니다. 사이버 세상에서도 학교 폭력이 일어납니다. 소회의실의 메뉴에는 도움 아이콘이 있습니다. 그것을 누르면 바로 교사에게 도움 요청이라는 메시지가 전송됩니다. 교사는 도움 요청 메시지가 전송된 그 소회의실로 참여하면 됩니다. 학생들에게 사전에 도움 버튼을 안내해 주어야 합니다.

채팅창에서도 이러한 일은 일어날 수 있습니다. 학생들에게 비공개 채팅도 모두 저장되고 있음을 사전에 안내하는 것이 좋습니다. 학생들 스스로 조심할 수 있게 해야 합니다. 회의를 설정할 때 사전에 채팅 저장을 설정해 두는 것이 좋습니다. 학생 간 비공개 채팅 ON을 설정하게 되면 유익한 점도 있겠지만 수업에 집중하지 않고 수업과 상관없는 다른 잡담을 하는 학생들이 생겨날 수 있습니다. 비공개 채팅을 사전에 환경 설정에서 OFF 하는 것이 좋습니다.

그러나 호스트인 교사와 학생은 비공개 채팅이 가능하므로 문제가 발생하거나 학생들이 어려움이 있을 시 교사에게 비공개로 채팅을 보내라고 안내해 주면 됩니다.

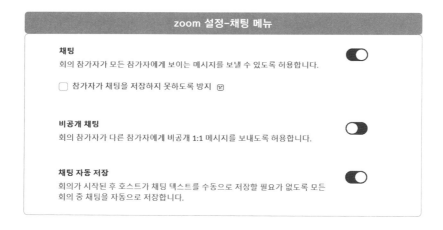

넷째, 학생들이 서로 비디오를 끄고, 음소거까지 한 후에 과제 해결을 하기 위해 채팅창에서만 대화하는 예도 있습니다. 그냥 얼굴도 목소리도 보여 주기 싫다는 것입니다. 그 친구가 싫어서 그럴 수도 있지만 이해해 보자면 요즘 아이들에게는 대화의 방식으로 채팅이 더 편해서 그럴 수도 있습니다. 사이버상에는 익명성이 강합니다. 얼굴을 보여 주지 않아도 되고, 목소리도 들려주지 않아도 되고, 이름도 닉네임으로 대체 가능합니다. 발을 딛고 사는 세상에서는 할 수 없는 행동도 할 수 있는 또 다른 세상, 사이버 세상을 이미 알고 있는 아이들입니다. 얼굴과 목소리가 없어도 불편하지 않은 아이들입니다. 학생들의 화면 속 얼굴과 목소리가 잘 드러나야 우리가 추구하는 교육 목표, 다양한 역량 강화를 할 수 있습니다. 학생들에게 왜 얼굴을 보여 주고 목소리를 내면서 대화해야 하는지 잘 안내하고 그렇게 할 수 있도록 지도해야 합니다.

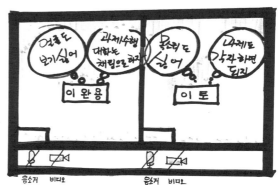

· 온라인 예절교육 사전지도

· 교사가 소회의실에
  참여하면서 사전에 지도

소회의실 짝 토론 시 교사가 해야 할 일

소회의실이 열리고 나면 교사만 메인 화면에 남게 됩니다. 이제부터는 각 소회의실에 들어가서 학생들의 활동을 살펴보아야 합니다. 소회의실을 클릭하면 각 회의실마다 참가 버튼이 있습니다. 그것을 클릭하게 되면 해당 소회의실로 교사가 이동하게 됩니다.

자동으로 소회의실을 배분하다 보면 갈등이 있는 두 학생이 같은 소회의실에 배정되어 학습이 잘 안 되는 경우도 생깁니다. 소회의실을 열기 전에 갈등이 심한 두 학생은 다른 회의실로 짝 교환하여 여는 것이 좋습니다. 만약 소회의실로 배분이 되었다면 교사가 해당 소회의실에 참여하여 함께 학습하는 것도 하나의 방법입니다. 또한 학습 부진 학생이 속한 소회의실에도 방문하여 짝과 상호 작용이 잘될 수 있도록 지도를 꼭 해야 합니다.

소회의실을 배분하고 교사는 메인에 남아 있다면 학생들의 상황을 볼수 없고 이야기도 들을 수 없습니다. 교실 수업처럼 한눈에 전체 학생들이 보이지 않기 때문에 해당 소회의실에 20초 정도의 짧은 시간일지라도 참여하여 학생들을 살펴볼 때 학생들의 학습 태도도 좋아지고 학습의 긴장감도 함께할 수 있습니다.

소회의실로 학생들을 보낼 때 한 명의 학생이 매 수업 시간마다 소회의실로 가지 못하고 남아요. 남는 이 학생은 어떻게 해야 할까요?

소회의실을 열면 학생들은 각각의 소회의실로 배분됩니다. 그런데 학생의 기기 상태나 인터넷 회선의 속도에 따라 소회의실 참여 속도가 다릅니다. 그러다 보니 매번 참여가 안 되는 학생이 생기기도 합니다. 학생의 가정에 있는 기기나 인터넷 회선 속도를 교사가 해결해 줄 수는 없습니다. 이럴 때는 해당 학생을 소회의실로 보내지 않고 메인에 남겨 두고 수업을 진행하면 됩니다.

소회의실로 할당되지 않는 학생을 메인에 남겨 둘 때는 그 짝도 함께 메인에서 대화할 수 있도록 해 줍니다. 소회의실을 열기 전에 해당 회의실에 할당된 숫자에 클릭해 보면 또 다른 하나의 체크박스가 나옵니다. 그 체크박스를 해제하면 소회의실 지정이 취소됩니다. 그러면 해당 학생들은 메인에 남아서 짝 활동을 할 수 있습니다.

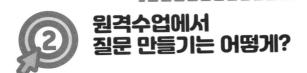

원격수업에서 질문 만들기는 어떻게?

'짝 대화 읽기'로 소리 내어 읽기

교실 수업에 있어서 가장 큰 관건은 '학생을 수업에 얼마나 적극적으로 참여시키는가'입니다. 교사는 학생의 수업 참여를 위해 노력을 기울이게 됩니다. 그러나 모니터상에 보이는 선생님과 친구의 모습으로는 학습 두뇌를 깨우고 학습 흥미를 일으키기 어렵습니다. 수업 시작부터 학생의 두뇌를 깨우기 위해서는 학생 스스로 참여할 수 있는 활동으로 시작해야 합니다.

말을 할 때 우리의 뇌도 깨어납니다. 일단 말을 하려고 생각하면 호흡이 시작되고, 성대가 자극되면 이 자극이 뇌로 전달되어 성대 근육을 움직입니다. 이러한 근육의 움직임을 통해 소리가 만들어집니다. 입 밖으로 나온 말은 귀로 전달되고, 귀는 다시 뇌로 전달되어 말하려는 내용과 강도 등을 조절합니다. 이러한 과정을 '언어 연쇄'라고 하는데 언어 연쇄가 유기적으로 이뤄질 때 자연스럽게 언어가 나올 뿐만 아니라 뇌 속 정보 입력에도 도움을 주어 이해력을 높입니다. 뇌과학자들은 소리 내어 읽는 행위가 학습의 집중력을 높이고 뇌 지구력을 높여 생각하는 힘을 기르게 한다고 합니다.

그러니 모니터 앞에 앉아 있다고 해서 소리 내어 읽지 않아야 할 이유는 없습니다. 교과서의 학습 주제와 관련된 텍스트를 짝과 함께 번갈아 가면서 읽는 것만으로도 두뇌를 깨울 수 있습니다. 더 많이 소리 내어 읽도록 도와주어야 합니다. 그러나 책을 읽는 데도 방법이 있습니다. 더 재미있게 지속성을 높이기 위해서 '짝 대화 읽기'를 시도해 보면 좋겠습니다.

주어진 내용을 한 문장씩 주거니 받거니 하면서 읽는 형태가 짝 대화읽기입니다. 마치 대화하는 것처럼 상호 작용하며 함께 책을 읽는 것입니다. 혼자 읽는 것보다 지루하지 않고 재미있게 읽을 수 있습니다.

짝과 함께 대화하듯이 주고받으면서, 또박또박 아나운서처럼.

모니터를 통해 만나지만 서로에게 소리를 전달하면서 책을 읽다 보면 두 뇌가 깨어나고 학습으로 들어가게 해 줍니다. 각자가 사이버 공간에 있어서 따로 책을 읽을 수도 있겠지만 그렇다면 상호 작용은 줄어들게 됩니다. 전선을 타고 다른 공간에 있는 친구에게도 소리를 전해 줌으로써 우리는 상호 작용을 극대화할 수 있습니다.

짝과 함께 질문 만들기

질문 수업의 시작인 '질문 만들기'부터 학생이 머뭇거리다 보면 수업에 진입하기가 어렵습니다. 학생들이 질문을 잘 만드는 것도 중요하지만 수업에 잘 참여하게 하는 것도 중요합니다. 이것은 온라인 수업이든 등교수업이든 마찬가지입니다. 그런데 온라인 학습 활동이 되고부터 짝과 함께하는 활동들이 줄어들고 있습니다. 짝과 함께 대화해야 친구로부터 배움이 일어납니다. 또한 질문 만들기에 어려움을 겪거나 머뭇거리는 학생들에게 친구의 도움은 더 절실합니다.

비고츠키는 인지 발달에서 사회적 상호 작용의 중요성을 강조하고 있습니다. 비고츠키의 '근접 발달 영역'은 학습자로부터 근접한 사람의 도움을 받아 지적 성취를 이룰 수 있는 영역이라고 할 수 있습니다. 학습자의 인지력을 향상시키기 위해서는 타인의 도움이 필요하다는 것이지요. 그래서 학습에 진입하는 단계에서는 타인의 도움을 받아 과제를 수행해 낼 수 있는 학습의 구조를 온·오프라인 어디서라도 만들어야 합니다. 학생들의 사회적 상호 작용을 활발히 하면서 학습력을 올려 주는 방법으로 짝과 함께 활동하도록 하는 것이 효과적입니다.

① 학습 내용과 관련된 텍스트 읽기

② **텍스트와 관련된 질문 만들기**: 여기서 중요한 것은 대화 방법입니다. 질문 하나를 만들었다고 해서 답을 찾은 것이 아닙니다. 하나의 텍스트에서 여러 가지 질문이 나올 수 있으므로 짝과 함께 대화하면서 찾아가는 것입니다. 서로의 질문으로 짝의 두뇌를 깨워 줍니다.

③ **질문 작성하기**: 다양한 질문이 쏟아져 나오면 그중에 작성하고 싶은 질문만 작성하면 됩니다.

짝과 함께 책을 읽었다면 짝과 함께 질문을 만드는 것은 자연스럽게 수업 속에서 이루어집니다. '질문 함께 만들기'에는 여러 장점이 있습니다.

첫째, 질문 만들기에 익숙하지 않은 아이들이 수업에 편하게 접근할 수 있도록 도움을 줍니다.

둘째, 혼자 질문을 만들었을 때보다 다양한 생각을 더 많이 만나게 됩니다. 사물이나 상황을 다르게 보려고 노력해도 자신이 가지고 있는 제한된 생각의 틀과 문화적 환경 등의 차이로 인하여 다양한 관점으로 보기 어렵습니다. 짝과 함께 질문 만들기는 짧은 시간 내에 이러한 한계점을 극복하는 데 도움이 됩니다. 한 개인의 문화적 지능의 한계를 벗어나게 도움을 주는 것입니다.

셋째, 질문을 만드는 행위는 대화입니다. 내 생각과 같은 질문을 만들어 내는 짝에게 동질감도 느끼고, 자신이 생각지 못했던 전혀 다른 질문을 만나면 다름을 느끼기도 합니다. 비슷한 질문처럼 보여도 사용하는 어휘와 그들의 언어 사용 능력은 다릅니다. 질문을 만드는 몇 분의 짧은 대화 시간 동안 학생들은 다양한 것을 경험하게 됩니다.

질문 만들기는 각자 공책에 쓰기

주어진 아래의 텍스트에 많은 질문이 나올 수 있습니다. 텍스트를 읽고 질문을 만들어 보시겠습니까?

내면적 아름다움

사람의 아름다움은 겉모습에도 있지만 내면에도 있습니다. 우리는 책을 많이 읽은 사람이나 경험이 많은 사람 또는 자신의 꿈을 이루기 위해 끊임없이 노력한 사람을 보면 아름답다고 느낍니다. 이처럼 내면적 아름다움은 큰 감동과 용기를 줍니다.

아름다움은 큰 감동과 용기를 줄까?

사람들의 내면에도 아름다움이 있을까?

경험과 노력을 한 사람들에게 아름다움을 느끼는 이유는 뭘까?

사람들은 꿈을 이루기 위해 어떤 노력을 할까?

사람들은 아름다움을 겉모습에서 느끼지만 내면에도 있다고 느낄까?

책을 많이 읽는다고 아름답다고 할 수 있을까?

꿈을 이루기 위해 노력했다고 아름답다고 할 수 있을까?

강수진의 발을 못생겼는데 왜 아름답다고 느낄까?

실시간 쌍방향 원격수업에서는 아이들이 이렇게 함께 책을 읽고 대화하면서 질문을 만들 수 있습니다. 이 질문들은 각자의 공책에 기록되어야 합니다. 그러나 모든 것을 다 기록하기에는 수업 시간이 부족합니다. 짝과 대화하면서 기록하고 싶은 것을 선택하여 각자의 공책에 기록하도록 합니다. 다양한 질문은 쏟아 내되 각자가 선택하여 작성합니다.

교과서의 내용 분량이 많으면 어떻게 읽는 것이 좋을까요?

　여기서 한 가지 짚고 넘어가야 할 것이 있습니다. 짝 대화 읽기가 좋다고 해서 교과서 6쪽 이상의 글을 10분 이상 소리 내어 읽고 있다면 아이들은 힘들고 지루해질 것입니다. 교과서의 많은 분량을 읽을 때는 발단, 전개, 절정, 결말 등의 4부분으로 구분하거나 내용의 분량에 따라 2부분으로 나누는 것이 좋습니다.

　읽는 부분이 바뀔 때는 소회의실을 새로이 열어 짝을 바꾸어 줍니다. 이렇게 새로운 짝과 함께 뒷부분을 읽게 됩니다. 예를 들어 《종이 봉지 공주》 글을 읽을 때도 두 부분으로 나누어서 읽게 되면 앞부분의 질문 만들기를 통해 뒷부분에 대한 글의 관심을 올려 줍니다.

　"공주는 어디로 갔을까?", "옷은 구했을까?" 등의 질문이 만들어지면서 다음 짝을 새로이 만나 학습할 때 좀 더 학습의 몰입도도 높아지게 됩니다. 또한 앞의 짝과 함께 제대로 읽지 못했다면 뒤에 만난 짝과 함께 학습에 몰입할 수 있는 계기가 됩니다.

한꺼번에 너무 많은 양을 읽으면 몰입도가 떨어져요.

나누어 읽어 주세요.

뒷부분은 새로운 짝과 새롭게.

③ 전체 공유는 어떻게 하지?

등교수업 시 교실에는 학생들의 생각을 공유하고, 전체 나눔을 위한 다양한 기법들이 존재합니다. 한두 명 학생의 발표로 생각을 확인하고 다른 학생들에게 사고를 확산시키는 것부터 포스트잇에 써서 글을 공유하는 방법까지 다양한 방법이 존재합니다. 온라인이라고 그것이 가능하지 않은 것은 아닙니다. 온라인상에는 오프라인에서 구현하지 못하는 것을 구현해 주는 프로그램이 많습니다. 수업 시간에 자주 사용하는 몇 가지 기능에만 익숙해지면 수업 흐름이 매끄러워집니다.

발표 시 모두에게 추천(추천 비디오) 활용하기

소회의실에서는 학생들이 학습한 것을 전체 발표할 경우, 갤러리 보기보다 발표자 보기 모드를 활용하는 것이 좋습니다. 그러나 화면 보기의 경우에는 학생 각각의 모니터 환경에 따르는 것이기 때문에 학생이 모두 발표자 보기 상태가 아닐 수도 있습니다. 발표자 보기의 경우라고 하더라도 다른 친구가 소리를 내게 되면 그 학생의 얼굴로 전환됩니다.

　이때 사용하기 좋은 메뉴가 '모두에게 추천'이라고 하는 추천 비디오 기능입니다. 추천 비디오는 업데이트가 되면서 '모두에게 추천'이라는 용어로 변경되었습니다. 교사가 발표시키고자 하는 학생의 얼굴 화면에 대고 오른쪽 마우스를 클릭했을 때 메뉴가 있습니다. 모두에게 추천을 클릭하게 되면 학급의 모든 학생의 화면에 추천된 친구의 얼굴이 메인으로 뜨게 됩니다. 모두에게 추천이 된 상태에서 학생들이 발표하게 되면 훨씬 더 몰입감이 좋습니다.

　모두에게 추천은 다양하게 사용할 수 있습니다. 이름이 호명되어야 발표를 할 수 있는데, 온라인상이라 각자 회선의 속도에 따라 학생들의 반응 속도가 다릅니다. 또한 교사가 이름을 부르고 나면 몇 초 후에 전달이 되는 일도 있습니다. 이때 이름을 불러서 발표하기보다 다른 학생의 발표가 끝날 즈음에 다음 발표자를 모두에게 추천으로 바꾸면 학생들의 화면에 다음 발표자가 즉각적으로 뜨기 때문에 훨씬 수업 흐름이 좋아지고, 학습 밀도가 높아집니다. 발표가 끝나면 '추천 취소'를 눌러 주면 됩니다. 이후에는 전체 학생을 보기 위해서 오른쪽 위 끝의 갤러리 보기를 눌러 주어야 합니다. 모두에게 추천 기능은 1명만이 아니라 동시에 여러명의 학생을 추천할 수 있도록 업그레이드되었습니다.

화이트보드/채팅창으로 공유하기

소그룹 활동 학습 결과를 전체에 공유할 때 화이트보트를 활용하여 동시에 생각을 나눌 수 있습니다. 교사가 '화면 공유' 메뉴에서 '화이트보드'를 선택하여 공유합니다.

화이트보드는 교실의 칠판과 같습니다. 그 칠판에 학생들이 동시에 글을 쓰는 겁니다. 학생들이 자유롭게 작성할 수 있도록 하면 됩니다. 학생들이 자유롭게 작성한 것을 교사가 선택 버튼을 이용하여 알맞게 정렬해 주면 됩니다. 글을 작성할 때 채팅창을 이용하여 공유할 수도 있지만 화이트보드 공유는 모든 글을 한눈에 볼 수 있다는 장점이 있습니다. 또한 화이트보드를 활용한 후에 저장하기 기능이 있습니다. 학생들이 작성한 글을 저장하여 이미지로 공유할 수 있습니다.

화이트보드 공유	채팅창 공유
노마는 왜 짜증을 내었을까? 명이는 기동이에게 마음이 있는 걸까? 노마는 왜 기동이를 의심할까? 노마는 왜 기동이가 가져갔다고 생각했을까? 구슬이 왜 개울에 있었을까? 구슬이 발견되지 않았다면? 노마의 심정은? 파란 구슬은 인기가 있었나? 노바는 이로 인해 무엇을 알게 되었을까? 시대는 언제일까?	김 : 할수 있다 리 : 온라인 수업이 가능할까 했는데 가능하네요!!!! 온 : 지나온 시간? 앞으로의 시간? 영 : 이렇게 과연 수업을 할 수 있을까? 문 : 온라인 학습이 잘 될까 했는데 해보니 잘되는군요 훈 : 연습이 많이 필요한 것 같습니다 청 : 쌍방향 수업에 도전!!! 경 : 그래도 등교수업이 최고. 재 : 함 해볼까?
옵션 보기-주석 작성-T 메뉴 활용	

단점은 학생들이 스마트폰으로 접속했을 때 'T 메뉴'가 없어서 화이트 보드 공유 창에 텍스트를 쓸 수 없고, 그리기 툴을 이용할 수밖에 없다는 것입니다. 그러다 보니 화이트보드가 엉망이 되기도 합니다. 이에 대한 단점을 보완한 패들렛 활용을 권합니다.

패들렛 활용하기

패들렛은 실시간 쌍방향 온라인 수업의 보조 도구로 공유 활동에 많이 활용되고 있습니다. 패들렛은 협업 게시판입니다. 개인이 사용할 수도 있지만, 게시판을 공유하면 여러 명이 동시에 작업을 할 수 있습니다. 스마트폰이나 태블릿 또는 컴퓨터로 어디에서든지 접속하여 바로 텍스트를 작성할 수 있어 편리합니다. 포스트잇을 동시에 써서 붙이는 효과를 보게 됩니다.

⊕ 표시를 누르면 글쓰기 창이 나옵니다. 창에 자신의 생각을 작성하면 동시에 다른 친구들의 글까지 함께 화면에 보입니다. 또한 서식에 댓글과 반응까지도 함께 표시할 수 있어서 수업 시간을 다양한 형태로 사용할 수 있습니다. 댓글이나 반응을 활용하기 위해서는 사전에 설정해 두어야 합니다. 사용 도중에도 서식은 변경할 수 있습니다.

2 부

원격 질문 수업을
펼치다

chapter4.

온라인
예절 수업
따라 하기

1차시: 온라인 수업은 처음이라

실시간 쌍방향 수업을 처음 시작하면 교사와 학생 모두 살짝 긴장하기도 하고 설레기도 합니다. 그러나 처음이기 때문에 놓쳐서는 안 되는 것이 바로 온라인 수업 시 지켜야 할 예절에 대한 배움입니다.

온라인 예절에 관한 것은 첫 시간뿐만 아니라 매시간 강조해야 하는 내용입니다. 특히 온라인 예절 수업을 원격수업의 첫 시작에 중요하게 다루려는 이유가 뭘까요? 교사의 일방적인 안내가 아니라 학생이 토론을 통해 스스로 찾아서 내면화를 이룰 수 있도록 도와주고자 함입니다. 학생들에게 PPT로 설명하고 안내하는 수업으로 그쳐서는 안됩니다. 하브루타 방식으로 스스로 질문하고 대화하면서 그 중요성을 찾아가는 수업입니다.

온라인 수업은 교사도 학생도 모두가 처음입니다. 특히 실시간 쌍방향 수업이 시작되면 모두 긴장을 하기 마련입니다. 사이버 세상에서 얼굴을 마주 보고 목소리를 들려주는 일을 시작하는 겁니다. 새로운 교실에서 새 학기가 시작되었다고 생각하고 수업 전 준비 사항을 안내하면 됩니다.

수업 입장-수업 전 대기 시 음소거

학생들이 수업에 참여하기 위해 접속하면 마이크와 스피커 시스템을 점검합니다. 그리고 수업이 시작되기 전까지는 음소거와 비디오 중지를 해 두고 각자 수업 준비를 합니다. 수업 시간이 되면 교사가 학생들에게 시작을 알리고 음소거 해제와 비디오를 시작합니다.

이름 변경하기

zoom 회의방에 접속해서 제일 먼저 할 일은 자신의 번호와 이름을 변경하는 것입니다. 별명을 사용하지 않고 꼭 자신의 이름으로 저장하여 수업에 지장이 없도록 합니다.

채팅창에 출석 남기기

학생들이 수업방에 들어오면 자신의 출석을 채팅창에 남기도록 합니다. 채팅창에 자신의 번호와 이름을 남기는 것만으로도 스스로 수업 참여 의지를 만드는 일입니다. 온라인 수업에서는 수업 시간마다 출결을 확인해야 합니다. 일일이 출석을 부르지 않고도 학생 스스로 좌석에 앉듯이 자신이 온라인 교실에 입장하고 수업 준비가 되었다는 것을 확인할 수 있습니다. "안녕하세요"의 짧은 인사로 출석을 대신하여 기록하기도 합니다. 채팅창이 저장되므로 나중에 출결 확인 자료로 사용할 수 있습니다.

얼굴은 정면 정중앙에

수업 시간에 바로 앉는 것처럼 비디오의 얼굴을 정중앙에 두는 것도 중요합니다. 화면에서 얼굴이 사라진 상태이거나 모서리에 조그맣게 있다면 보는 사람의 마음이 불안합니다. 카메라의 위치를 변경하면서 화면의 정중앙에 사람이 배치될 수 있도록 합니다.

인사 나누기

안녕하세요, 선생님.

안녕, 애들아!

교실에 들어오는 친구들과 선생님이 함께 웃으며 인사를 나누는 풍경은 늘 일상이고 당연한 일이었습니다. 요즘은 등교수업 시간에도 이러한 풍경을 보기가 어려워졌습니다. 마스크를 쓰고 있으니 반가운 만남에 환하게 웃는 모습을 보여 줄 수 없습니다. 아쉽지만 눈으로 웃음을 전달합니다.

온라인상에서는 마스크를 끼지 않고 있으니 손을 흔들면서 환한 미소로 인사를 나누고 수업을 시작하면 좋겠습니다. 온라인상이라 단순히 미소를 짓는 모습으로는 인사가 잘 안 됩니다. 그것을 상대가 느끼게 해 주기 위해서는 손을 흔드는 액션이 필요합니다. 처음에는 어색할지 몰라도 손을 흔들고 미소 지으면서 인사하고 수업을 시작하는 것은 수업의 전반적인 흐름을 긍정적으로 변화시켜 줍니다.

수업 전 대기 시 음소거, 이름 변경하기, 채팅창에 출석 남기기
얼굴은 화면의 정중앙에, 손 흔들고 미소 지으며 인사하기

이러한 아주 기본적인 행동들이 모두 원격수업을 긍정적이고 함께할 수 있도록 도와주는 기본예절입니다. 교실에서 책상 위에 책을 준비하고 자리에 바르게 앉아 있는 것과 같습니다.

학생들의 마음 자세 알아보기

온라인 수업에 대한 학생들의 마음이 어떠한지 알아보는 활동입니다. 수업을 시작하는 학생들의 마음을 알아보는 것으로 아래 좌표에 자신의 감정과 비슷하다고 느껴지는 부분에 스탬프를 찍어 보는 활동입니다. 화면 공유 상태에서 모든 학생이 동시에 참가할 수 있습니다.

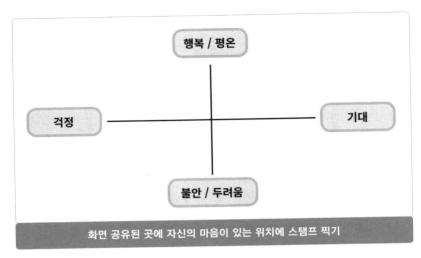

화면 공유된 곳에 자신의 마음이 있는 위치에 스탬프 찍기

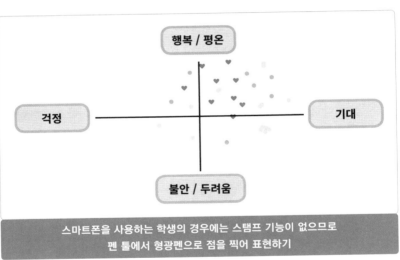

스마트폰을 사용하는 학생의 경우에는 스탬프 기능이 없으므로
펜 툴에서 형광펜으로 점을 찍어 표현하기

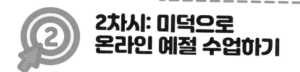

2차시: 미덕으로 온라인 예절 수업하기

 화상수업은 사이버 공간에서 이루어집니다. 직접 대면하고 있는 물리적 세상이 아니라 모니터를 두고 시공간을 초월하여 만들어진 사이버 세상입니다. 이미 존재하고 있었으나 우리가 건너가지 않았던 세상입니다. 이제는 우리 모두 물리적 세상과 사이버 세상을 넘나들고 있습니다.

 두 세상의 모습은 같은 듯 다릅니다. 편리함과 익숙함 사이에서 잠시 머뭇거릴 수는 있지만, 결국 우리는 두 개의 세상에 사는 법을 배워야만 합니다. 그리고 배울 때 제대로 배워야 합니다. 화단의 쓰레기만 치우는 것이 아니라 꽃밭을 가꾸어 아름다운 세상으로 만들어 가야 합니다. 미덕으로 배우는 온라인 예절 수업은 그와 같습니다. 학생들에게 사이버 세상에서도 아름답게 살아갈 수 있음을 느끼게 해 주는 시간입니다.

 이 수업은 단 한 시간에 끝서서는 안 됩니다. 마치 우리가 다른 교과에서 늘 도덕 수업을 함께하고 있는 것과 같습니다. 또한 학년이 올라갈 때마다, 새 학기가 시작될 때마다 해야 하는 수업입니다. 마음속에서 늘 잊지 않도록 토론을 통해 올바른 예절을 내면화하고 실천할 수 있게 도와주면 좋겠습니다.

1차시 수업이 교실 자리에 앉는 방법을 배우는 시간이라면 2차시에는 사이버상에서 지켜야 할 예절과 구체적 행동을 찾아보는 시간입니다.

가. 생각 열기

● 1차: 수업 시간에 발휘할 미덕을 찾을 수 있다

단계	이끎 질문	zoom 온라인 수업 방법
1차	내가 발휘할 미덕은?	• 인사 나누기(2분) 　-대기 시간 음악 듣기: 소리 공유(공유-고급) • 수업 시간에 발휘할 미덕 3~4가지 고르고 짝 토론하기(4분) 　-화면 공유 → 미덕 PPT 　-2인 1조의 소회의실 열기 • 우리 반이 선택한 미덕 작성하기(2분) 　-배움 공책, 채팅창
온라인 도구		• zoom 수업 대기 및 입장 → 소리 공유 → 화면 공유 → 미덕 PPT → 소회의실 → 채팅창 → 모두에게 추천 → 갤러리 보기

1) 사이버 온라인 미덕 3가지 고르기(전체-짝)

미덕의 단어는 300개를 나열해도 모자랄 겁니다. 그러나 화면에 너무 많은 미덕이 제시되면 고르는데만 시간이 오래 소요될 수 있으므로 20가지 이내로 제시해 주는 것이 좋습니다. 학생들은 제시된 단어를 보면서 사이버 세상에서 수업을 받을 때 어떤 예절을 가꾸어야 할지 스스로 고민해 봅니다. 1명당 3~4가지 정도를 고를 수 있도록 합니다. 한 가지만 고르다 보면 한정된 미덕으로 정의될 수 있기에 3~4가지를 선택하여 다양한 미덕을 만나게 합니다.

소회의실로 이동하여 자신이 선택한 미덕과 그 이유를 짝에게 이야기하고 짝의 생각도 함께 들어봅니다. 짝을 만나 자기 생각을 입 밖으로 내어 봄으로써 학습 두뇌를 깨우게 됩니다.

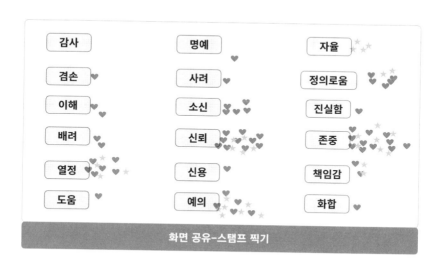

화면 공유-스탬프 찍기

2) 가장 많이 선택된 미덕을 채팅창이나 공책에 작성하기

각 반에서 가장 많이 선택된 미덕이 무엇인지 살펴본 후 채팅창에 4가지를 순서대로 적어 보게 합니다. 물론 교사가 작성해 주어도 되지만 학생이 스스로 채팅창에 작성하게 함으로써 미덕을 한 번 더 익힐 기회를 얻게 됩니다. 그런데 화면 공유 상태가 사라지게 되면 판서 되어 있던 칠판이 사라져 버립니다. 채팅창에 남겨 두거나 공책에 작성해 두는 것도 좋은 방법입니다.

나. 생각 나누기

● 2차: 미덕에 따른 실천 행동을 찾을 수 있다

단계	이끔 질문	zoom 온라인 수업 방법

☑️
2차
	미덕에 따른 실천 행동은 어떤 것이 있을까?	• 미덕의 실천 행동 찾기(2분)
		  -채팅창 공유
		• 구체적 실천 행동 찾기
		  -교사 피드백-모두에게 추천(2분)
		  -2인 1조의 소회의실-짝 이동(6분)
		  -전체 공유-모두에게 추천(2분)

🖥️ 온라인 도구		• zoom 채팅창 → 모두에게 추천 → 소회의실 → 짝 이동 → 모두에게 추천 → 갤러리 보기

1) 4개의 미덕 속 실천 행동 찾기(전체-채팅창 공유)

학생들이 선정한 순서대로 미덕을 4가지 선택합니다. 존중, 신뢰, 예의, 열정이 선정되었다면 거기에 따른 실천 행동을 모두 함께 찾아보는 것입니다. 행동을 많이 찾는 것도 중요하지만 구체적인 행동을 찾을 수 있도록 하는 것이 중요합니다. 학생들이 구체적으로 찾을 수 있는지를 살펴보면서 다양한 상황을 찾을 수 있도록 합니다. 채팅창에 작성하여 공유합니다.

> 상화: (예의) 욕하지 않기
>
> 채현: (예의) 친구를 배려하기
>
> 기호: (예의) 바르게 앉기
>
> 현수: (존중) 짝의 이야기 끝까지 들어주기
>
> 은주: (존중) 선생님 말씀에 집중하기
>
> 주하: (신뢰) 영상 캡처하지 않기
>
> 이준: (열정) 수업에 즐겁게 참여하기

2) 실천 행동이 구체적으로 표현되었는지 토론해 보기(전체-짝)

학생들이 찾은 미덕의 실천 행동을 자세히 살펴보면 '친구를 배려하기'의 경우는 정확하게 어떤 행동을 실천해야 하는지 구체성이 느껴지지 않습니다. 또한 온라인상에서 바르게 앉는다는 것이 구체적으로 어떤 행위를 나타내는 것인지도 살펴볼 수 있어야 합니다.

- 교사: 온라인 수업에서 예의 있는 바르게 앉기란 어떻게 행동하는 것일까요?
- 학생1: 의자에 앉아요.
- 학생2: 책상에 바르게 앉아 수업해요.
- 교사: 선생님 얼굴이 모서리로 이동하면 여러분 기분이 어떤가요?
- 학생3: 선생님 얼굴이 너무 모서리에 있으니 집중이 잘 안 되고 불안해요.
- 교사: 온라인 수업을 할 때는 카메라를 잘 조정해서 화면 중앙에 얼굴이 잘 나오도록 하는 것도 중요한 예의입니다.

'짝의 이야기 끝까지 들어주기'는 어떤 행동을 해야 하는지, '짝의 이야기를 집중해서 들어주기' 위해서는 어떤 행동이 필요한지 함께 토론하여 구체적인 상황을 찾아보도록 합니다. 추상적인 문장보다 구체적인 상황을 찾아내어야 실천과 행동으로 옮기기가 좋습니다. 소회의실을 열어 짝 토론으로 구체적인 행동을 찾아보도록 합니다. 한 명의 짝과 다양한 생각을 공유하기 어려우니 3분 정도 시간이 지나면 짝 이동 기능으로 짝을 이동하여 다양한 짝을 만나도록 도와줍니다.

예의	•화면 중앙에 얼굴 배치하기 •짝과 끝까지 대화하기-소회의실 시간 종료까지 짝과 대화하기, 짝 대화가 싫다고 소회의실 먼저 나가지 않기 •주변이 시끄러울 때는 스스로 음소거하여 다른 친구들이 수업이 집중할 수 있게 하기

존중	•짝에게 잘 듣고 있다는 반응해 주기 -고개 끄덕이기 -손을 들어 오케이 사인하기 -미소 짓기
신뢰	•강의 내용 녹화하지 않기 •화면 캡처하여 보내지 않기
소신	•화장실이 급할 때 채팅창에 글 남기고 다녀오기
열정	•수업 시간에 과제 수행 열심히 따라 하기 -채팅창에 글 남겨야 할 때 빠짐없이 글쓰기 -자기 생각을 말로 잘 표현하기

◉ 3차: 우리 반 미덕 실천 행동 만들기

단계	이끎 질문	zoom 온라인 수업 방법
📝 3차	우 리 반 친구들이 함께 지킬 미덕 실천 행동은?	•화이트보드로 전체 공유하기(4분) -옵션 보기-주석-T 글쓰기-스탬프 ◎패들렛 이용 시 •패들렛 주소 채팅창에 공유 -패들렛 담벼락에 글 남기기 •자기 생각 전체 발표(5분) -모두에게 추천
🖥 온라인 도구		•zoom 화이트보드 화면 공유 → 옵션 보기 → 주석 → T 글쓰기 → 스탬프 → 모두에게 추천 → 갤러리 보기 •zoom 채팅창 → 패들렛 → 담벼락 → 모두에게 추천 → 갤러리 보기

111

2차까지 짝과 함께 토론을 통해 미덕에 따른 구체적인 행동을 찾아보았습니다. 3차에서는 전체 공유를 통하여 교사와 함께 한 번 더 구체적 행동인지 확인하는 과정을 거쳐 명확한 행동을 익히게 도와주어야 합니다. 학급 전체 공유 작업을 위해 화이트보드나 패들렛을 활용하여 자신이 작성한 내용을 공유합니다.

1) 화이트보드 공유하기

화이트보드는 공유와 칠판 기능으로써 소회의실에서 학생들이 작업한 내용을 동시에 공유할 수 있습니다. 동시에 작성한 내용을 교사가 이동하여 모으고 가르는 분류 작업을 할 수 있다는 장점이 있습니다. 그러나 한정된 지면에 모든 학생이 작성하다 보니 글이 엉키게 되는 경우도 많습니다. 화이트보드에 학생들이 글을 작성하고 난 후에는 학생들의 공감도 확인하는 것이 좋습니다.

2) 패들렛 이용하여 공유하기

이럴 때 사용하면 좋은 앱이 앞서 소개했던 패들렛입니다. 컴퓨터로 작업하는 학생도 스마트폰을 사용하는 학생도 쉽게 접근할 수 있습니다. 교사가 담벼락 하나를 생성하여 학생들에게 채팅창을 통해서 주소 링크를 공유합니다. 패들렛의 장점은 지면의 한계가 없다는 것과 학생들이 작성한 글에 공감을 표현할 수 있어서 그 공감의 숫자로 학생들의 생각이 모이는 곳을 찾을 수 있다는 것입니다. 공감의 경우 zoom의 화이트보드는 직관적으로 글 주변에 보이는 하트로 확인할 수 있는 장점이 있습니다.

담벼락에 글 남기기

구체적인 행동으로 표현된 내용에 공감 클릭

내보내기 기능 활용하여 이미지나 문서로 저장하기

결과물 학습터에 올리기

패들렛의 경우 결과물을 출력하여 교실 환경 게시로 활용하여도 좋습니다. 또한 학생들이 공감을 표현할 때는 실천 행동이 구체적으로 느껴지는 것을 찾아낼 수 있도록 안내하는 것이 중요합니다. 추상적인 단어로는 삶의 행동을 바꾸기가 어렵습니다. 구체적이고 현상적으로 보이는 행동을 찾아서 실천하고 내면화하도록 도움을 주어야 합니다.

내가 지킬 온라인 예절은
친구들과 대화하면서 꼭 실천할 예절 작성해보기

김주하
예의 : 세수하고 수업에 참여합니다
♡ 0

심정희
친구의 말을 잘 듣기 : 열심히 고개끄덕여 주기
♡ 0

김동규
존중 : 친구가 말할때 동시에 말하지 않기
♡ 0

이선영
신뢰는 친구의 얼굴을 캡쳐하거나 영상을 찍지 않는다
♡ 0

김정은
예의: 소회의실에서 새 짝을 만나면 손 흔들고 인사하기
♡ 0

신현호
1. 예의: 채팅창에 욕쓰지 않기
2. 존중: 미소 지으며 대화하기
3. 책임감: 과제제출은 제시간에
♡ 0

김우희
1.예의: 화면중앙에 얼굴이 나오게 한다

오성택
수업시간에 음식먹지 않기
주변이 시끄러우면 음소거하기

박주현
예의: 입장학 □ □ □ 유으며

다. 배움 내면화

● 4차: 나에게 필요한 미덕 실천 행동 찾아 다짐하기

단계	이끔 질문	zoom 온라인 수업 방법
4차	수업 시간에 내가 실천할 미덕은?	• 자신의 실천 다짐하기(6분) －2인 1조의 소회의실 － 짝 이동 • 배움 글쓰기(5분) －배움 공책
온라인 도구		• zoom 소회의실 → 짝 이동 2회 → 갤러리 보기

　나라면 어떻게 할 것인가를 생각하게 해 주는 질문입니다. 온라인 세상으로 진입하는 학생이 스스로 약속하고, 다짐하는 내면화 과정입니다. 수업을 통해 최종적으로 찾아야 할 것은 자기 삶의 가치라고 할 수 있습니다. 질문 수업의 마지막에 자주 사용하게 되는 것이 '가치 질문'입니다. '나라면, 너라면, 우리라면' 이러한 감정이입 상태의 질문으로 수업이 학생 개개인의 삶으로 돌아가게 도와줍니다. 수업은 삶과 연결될 때만이 진정한 가치를 얻습니다. 지식적 배움도 마찬가지입니다. 그것을 삶으로 변환시킬 수 있게 돕는 질문이 바로 가치 질문입니다.

1) 짝과 자신의 다짐 말하기

첫 번째 소회의실 열기
자신이 지키고 싶은 실천 다짐 2~3가지를 정하여 짝에게 실천하고자 하는
내용의 이유까지 설명하기
짝의 이야기 들어보기
소회의실 짝 이동으로 새로운 짝을 만나 실천 의지 다지기

소회의실을 한 번 열어 둔 상태에서 교사가 임의로 짝 이동을 시켜 만나지 않은 짝과 대화할 수 있도록 조정합니다. 메인으로 돌아오지 않은 상태에서 짝이 3번 바뀌게 되는 기능을 활용합니다. 다양한 짝을 만나고 설명하면서 자신이 실천할 것을 다짐하는 동시에 공언하는 효과도 가져옵니다. 또한 짝의 이야기를 들으면서 자신이 놓쳤던 실천 사항들도 채워 넣게 됩니다.

2) 온라인 예절에 대한 자기 생각과 실천 다짐을 글로 작성하기

짝 대화가 끝났다면 학습 내용을 배움 공책에 정리합니다. 배움 글쓰기를 통해 오늘의 배움 관련 글과 자신의 온라인 예절에 대한 다짐을 한 번 더 내면화할 수 있습니다. 배움 글쓰기의 공유가 필요하다면 e-학습터나 패들렛 또는 학급의 온라인 공유방을 활용합니다. 배움 공책 글쓰기를 사진으로 찍어 업로드하여 공유할 수 있습니다.

교과/단원	창체/사이버 세상, 함께 나아가요				
배움 주제	실시간 쌍방향 수업에서 지켜야 할 미덕 찾기				
평가 문항	핵심 질문	평가 단계		시기	평가 방법
실시간 쌍방향 수업에서 지켜야 할 올바른 행동을 찾을 수 있다.	온라인 수업할 때 내가 지켜야 할 미덕은?	매우 잘함	내가 실천할 미덕을 찾아 다짐할 수 있다.	4차	배움 공책
		잘함	우리 반 미덕 실천 행동을 만들 수 있다.	3차	학생 상호 작용
		보통	미덕에 따른 실천 행동을 찾을 수 있다.	2차	학생 상호 작용
		노력 요함	수업 시간에 발휘할 미덕을 찾을 수 있다.	1차	화면, 채팅

수업 흐름도	메뉴 기능

생각 열기	◉ 수업 준비하기
	  -이름 수정하기
	  -채팅창에 출석 남기며 친구들에게 인사말 건네기
	◉ (이끎 질문1) 수업 시간에 내가 발휘할 미덕은?
	  (✓1차)
	  -자신이 발휘하고 싶은 미덕을 제시된 화면에서 3가지 고르기
	  -고른 미덕 옆에 스탬프 찍기
	  -우리 반 친구들이 가장 많이 선택된 미덕을 공책에 적어 두기
		• 채팅창
		• 화면 공유
		• 스탬프
		• 소회의실

수업 흐름도		메뉴 기능
생각 나누기	◉ (이끎 질문2) 미덕에 따른 실천 행동은 무엇일까? (✔2차) 　-미덕에 따른 구체적인 실천 행동을 채팅창에 　공유하기 (짝 토론) 실천 행동이 구체적인지 짝과 함께 확인하고 각 미덕에 맞는 구체적인 행동 찾아보기 ◉ (이끎 질문3) 우리 반 친구들이 지킬 예절은? 　(✔3차) 　-공유된 패들렛 주소에 작성하여 작성하기 　-담벼락에 글 남기기 　-구체적인 행동으로 표현되어 있는 내용에 공감 　클릭하기	• 채팅창 • 소회의실 • 패들렛
배움 내면화	◉ (이끎 질문4) 나라면? (✔4차) 　-짝에게 자신이 지키고 싶은 2~3가지를 정하여 　실천하고자 하는 내용의 이유까지 설명하기 　-2~3번의 짝 바꾸기(소회의실 2~3번 자동 열기) ◉ 배움 글쓰기 　-온라인 예절에 대한 자기 생각과 실천 다짐을 배움 　공책에 작성하기 　-차시 예고	• 소회의실

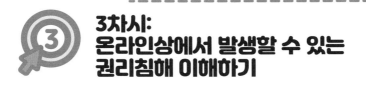

3차시:
온라인상에서 발생할 수 있는
권리침해 이해하기

모르고 그랬어요.

그냥 장난이었어요.

도와주려고 그랬어요.

온라인상에서 여러 가지 문제가 발생하게 되면 문제행동에 대하여 이렇게 쉽게 말하곤 합니다. 정말 몰랐을까요? 그리고 무심코 했다고 해서 잘못한 것이 아닐까요? 모르고, 무심코, 장난으로 한 일의 결과가 어떻게 되는지 수업을 통해 배우고 스스로 경각심을 가질 수 있도록 합니다.

	성취 수준/평가 단계		평가 시기	이끎 질문
◎	매우 잘함	• 우리 모두가 실천해야 할 올바른 행동을 다짐할 수 있다.	4차	• 우리라면?
	잘함	• 권리침해를 받았을 때 취할 행동을 말할 수 있다.	3차	• 권 리 침 해 를 받는다면?
○	보통	• 무심코 한 행동으로 일어날 수 있는 권리침해와 법적인 문제를 연결할 수 있다.	2차	• 7가지 사례의 법적 문제점은 뭘까?
△	노력 요함	• 온라인상에서 일어나는 권리침해를 말할 수 있다.	1차	• 온라인상에서 일어나는 권 리 침 해 에 는 어떤 것이 있 을까?

평가 단계별 이끎 질문

이번 차시는 퀴즈의 답을 찾는 과정을 통해서 온라인 권리이해를 도와주는 수업입니다. 학생들이 법에 관하여 잘 이해하지 못할 수 있습니다. 사실 법적 용어가 어렵기도 합니다. 법적 용어들과 무심코 할 수 있는 행동들을 연결 짓고, 그러한 행동을 했을 경우 어떤 형태의 문제가 생길 수도 있는지 살펴보도록 하는 수업입니다.

가. 생각 열기

●- - -●

● 1차: 온라인상에서 일어나는 권리침해를 말할 수 있다

단계	이끎 질문	zoom 온라인 수업 방법
✍️ 1차	온라인상에서 일어나는 권리 침해에는 어떤 것이 있을까?	• 인사 나누기(2분) 　－대기시간 음악 듣기: 소리 공유 • 온라인 권리침해 이야기 나누기(4분) 　－소회의실 – 짝 이동 • 전체 공유(1분) 　－채팅장 공유 　－**발표자: 모두에게 추천**
💻 온라인 도구	• zoom 수업 대기 및 입장 → 소리 공유 → 소회의실 → 짝 이동 → 채팅창 → 모두에게 추천 → 갤러리 보기	

　이 단계는 생각을 여는 시간입니다. 학생들이 무심코 한 행동이지만 인식은 하고 있을 수도 있습니다. 스스로 입 밖으로 먼저 꺼내야 무엇이 문제인지 알 수 있습니다.

　과제 수행을 위해서 인터넷상에 있는 자료를 그대로 캡처하고 공유해본 경험이 있었는지 물어보고, 저작권에 관한 이야기로 시작해 볼 수 있습니다. 또한 친구의 얼굴을 캡처하거나 야한 그림, 동영상을 돌려보는 등 스스로 문제가 될 수도 있겠다고 생각은 하고 있지만, 그냥 저지르는 경우도 있습니다. 자신이 무심코 하는 행동 이외에도 주변에서 보거나 들은 내용을 최대한 많

이 쏟아 내도록 합니다.

나. 생각 나누기

● **2차: 무심코 일어날 수 있는 권리침해와 법적인 문제를 연결할 수 있다**

단계	이끎 질문	zoom 온라인 수업 방법

📝 2차	7가지 사례의 법적 문제점은 뭘까?	• 퀴즈 문제 전체 공유(1분)
		  -화면 공유-퀴즈 ppt
		  -채팅창 공유
		• 짝 토론으로 권리침해 법적 용어 찾기
		  (6분)
		  -2인 1조의 소회의실-짝 이동
		• 전체 공유
		  -교사 피드백-모두에게 추천

💻 온라인 도구	• zoom 화면 공유 퀴즈 PPT → 채팅창 → 소회의실 → 짝 이동 → 모두에게 추천 → 갤러리 보기	

학생들 사이에서 흔히 일어날 만한 일이나 1차 학습 단계에서 학생들에게서 많이 나온 내용으로 인해 어떤 법적인 문제가 생길 수 있는지 대화하여 찾을 수 있도록 합니다. 학생들에게 법규는 낯선 단어들이지만 이러한 연결 짓기로 문제점을 명확하게 찾아볼 수 있도록 도와줍니다.

화면 공유를 통해 퀴즈의 내용을 다 함께 인식한 후 교사는 채팅창에

이 퀴즈 내용을 남겨 둡니다. 소회의실로 이동하기 전에 전체 학생에게 채팅 창으로 보내 주어야 소회의실에서 원활한 대화가 가능합니다. 학생들에게 정확한 법규의 내용을 찾도록 하는 것이 중요한 게 아니라 이렇게 사소하게 생각한 것이 사법 처리의 대상이 됨을 알려주는 학습입니다.

퀴즈 내용

1. 우리 선생님이 좋아서 나만 보려고 원격수업하시는 선생님 얼굴 캡처했어요.

2. 엄마가 원격수업을 궁금해 하셔서 zoom 수업 녹화해서 보여 주었더니, 엄마가 우리 선생님을 칭찬했어요.

3. 영어 선생님 발음이 좋아서 녹음해서 학원 선생님께 들려주고 자랑했어요.

4. 우리 학교 졸업한 사촌 형이 우리 반 학급 홈페이지 보고 싶다고 해서 ID랑 패스워드 가르쳐 주었어요.

5. 오늘 zoom 시간에 잘난 척하고 수업 방해하는 친구가 있어서 그 친구 빼고 단톡방 만들어 그 친구 짜증 난다고 우리끼리 이야기했어요.

6. 수업 시간에 선생님이랑 친구들이 너무 웃겨서 짤을 만들어 SNS에 올렸어요.

7. 싫어하는 친구의 얼굴과 다른 사진을 합성해 이상하게 만들어서 다른 친구들과 공유했어요.

● 3차: 권리침해를 받았을 때 취할 행동을 말할 수 있다

단계	이끎 질문	zoom 온라인 수업 방법

3차	권 리 침 해 를 받는다면?	• 권리침해 당한 친구의 마음(2분)
		  −옵션 보기−주석−T 글쓰기−스탬프
		  −발표자: 모두에게 추천
		• 권리침해 당한 나의 마음(2분)
		  −옵션 보기−주석−T 글쓰기−스탬프
		  −발표자: 모두에게 추천
		• 권리침해 당했다면 취할 행동은(6분)
		  −소회의실−짝 이동 3회
		  −교사 피드백

온라인 도구		• zoom 화면 공유 PPT → 옵션 보기 → 주석 → T 글쓰기 → 스탬프 → 모두에게 추천 → 갤러리 보기 • 소회의실 글쓰기 → 짝 이동 → 모두에게 추천 → 갤러리 보기

　권리침해를 당했을 때 상대방의 마음과 자신의 마음을 살펴보고, 어떻게 대처할 것인가를 고민해 보는 단계입니다. 권리침해가 일어나면 사람의 마음에는 다양한 감정이 일어납니다. 단지 '기분 나쁘다, 짜증 난다'로 표현되는 것이 아닙니다. 억울하고, 분하고, 화나고, 그러다 두렵기까지 합니다. 다양한 감정이 일어나는 것을 학생들이 알 수 있게 감정의 단어로 표현하도록 도와줍니다.

　마음을 이해한다고 문제가 해결되지 않습니다. 자신이 권리침해를 받았을 때 어떻게 행동해야 할지 찾아야 합니다. 사이버 수사대에 신고한다거나 선생님께 신고합니다. 그러나 우리는 권리침해에 대하여 너무 불안해하지 않

고, 도움을 줄 사람을 찾고 차근차근 해결해 나가야 함을 친구와 선생님과의
대화를 통해 배워야 합니다.

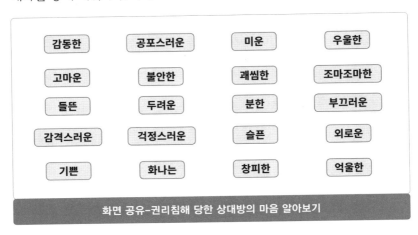

화면 공유-권리침해 당한 상대방의 마음 알아보기

다. 배움 내면화

● 4차: 우리 모두가 실천해야 할 올바른 행동을 다짐할 수 있다

단계	이끎 질문	zoom 온라인 수업 방법
✏️ 4차	우리라면?	• 자신이 인식하고 있어야 할 내용을 짝에게 설명하기(5분) -2인 1조의 소회의실 – 짝 이동 • 배움 글쓰기 -배움 공책
💻 온라인 도구		• zoom 소회의실 → 짝 이동 2회 → 갤러리 보기

나라면 어떻게 할까도 중요하지만, 온라인상에서의 권리침해는 무심코 일어나 나의 권리와 타인의 권리도 침해할 수 있으므로 마지막 단계에서는 '우리라면 어떻게 할까?'를 생각해 보게 합니다. 이 가치 질문을 통해 함께 살아가는 공동체의 중요성을 깨우칠 수 있도록 도와줍니다. '우리라면?'의 이끎 질문을 통해 자신이 해야 할 일과 다짐을 짝과 나누는 대화가 끝났다면 마지막에는 자신의 생각을 글로 남겨 배움의 내면화가 잘 일어나도록 합니다.

온라인상에서 일어나는 권리침해에는
어떤 법적인 문제가 있을까요?

온라인에서는 무심코 한 클릭으로 다양한 권리침해가 일어날 수 있습니다. 어떤 문제점이 있는지 사전에 인식하고 있는 것이 좋습니다. 순간의 잘못된 클릭으로 다른 사람의 권리를 침해하고, 자신의 권리도 침해당할 수 있다는 것을 항상 명심해야 합니다.

순	권리침해 내용	법규
1	허락 없이 교사, 학생 사진 공개	초상권 침해
2	얼굴 평가 등 수반되는 경우	내용에 따라 형법 제307조 제1항, 2항 명예훼손죄1 또는 제311조 모욕죄
3	비방 목적으로 정보통신망을 통해 사실 또는 허위 사실로 명예 훼손	정보통신망 이용 촉진 및 정보보호 등에 관한 법률 제70조 제1항, 2항 3) 위반
4	교사, 학생 사진으로 합성 사진 제작, 유포	정보통신망법(명예훼손) 제70조 제2항, 정보통신망법(음란물 유포) 제74조 제1항 제28) 위반
5	수업 중 교사 목소리나 학생의 목소리를 녹음하여 공포	음성권 침해

순	권리침해 내용	법규
6	강의 동영상 등을 제3자에게 제공, 다운로드한 강의 자료를 제3자에게 배포, 전송	저작권법에 위반되어 손해배상 대상
7	수업 내용을 편집하여 의도한 발언 내용과 달리 퍼뜨리는 경우	형법상 또는 정보통신망법 상 명예훼손죄, 저작권법 위반
8	제3자에게 강의 자료가 제시된 시스템에 접근할 수 있도록 ID, 비밀번호 등을 공유	저작권법에 위반되어 손해배상 대상

　나와 우리, 모두가 소중합니다. 나의 권리는 존중받고 타인의 권리도 존중해야 합니다. 온라인 수업, 서로 믿고 신뢰할 수 있는 함께 존중하는 수업으로 만들어야 합니다.

chapter5.

원격 질문 수업으로
교수평
일체화는?

원격 질문 수업의 교육과정-수업-평가 일체화 이해

교육과정-수업-평가의 일체화란?

선생님, 도대체 교수평을 어떻게 하라는 말이에요?

저는 교수평이라는 용어만 들어도 머리가 아파요.

교수평, 그거 프로젝트 학습 아닌가요?

나이스에 맞춰야 해서 교수평이 안 될 것 같은데요.

교수평을 소개한 교육청 자료집에 특별한 것이 없던데요.

평소 수업하고 있는 것이 교수평이잖아요. 새로운 건 없죠.

교육과정을 운영하는 동안 교육과정, 수업 그리고 평가가 일관성 있게 하나의 맥락으로 적용되어야 합니다. 즉 수업 속에 평가가, 평가 속에 수업이 함께 이루어져야 한다는 의미입니다. 그렇다면 여기서 잠깐, 지금까지 수업과 평가가 분리된 적이 있었다는 말일까요? 다양한 평가 중에서 수업과 따로 분절되어 치러지는 중간고사나 기말고사 역시 수업에 의한 학습, 배움의 결과를 확인하기 위해서 치르는 평가입니다. 그것은 수업과 평가가 일치되었다고 볼 수 있을까요?

교육과정–수업–평가 일체화에서 평가는 과정 중심 평가를 의미합니다. 과정 중심 평가는 수업 과정에서 학습이 피드백되고, 그 결과로 성장 지향적인 평가가 실현되는 수업을 의미합니다. 수업 과정에서 피드백이 이루어져 자연스럽게 학습자의 배움이 증대되는 평가입니다.

교육과정은 학교와 같은 교육 기관에서 교육 목표를 달성하기 위한 다양한 교육 활동의 기준을 체계적으로 선정·조직한 계획을 의미합니다. 또한 나아가 이를 실행하는 과정과 성취한 결과를 포함하는 일련의 총체적 과정이 교육과정입니다. 여기에는 현장 체험 학습이나 수학여행도 모두 포함이 됩니다. 다양한 활동 과정에서 배움이 일어나기 때문에 단순히 교실에서의 학습만을 의미하지는 않습니다.

교육과정은 위로는 교육 목표를 달성하기 위한 수단이지만 아래로는 교수·학습을 위한 계획이고 준비입니다. 더불어 교육 평가의 대상이라고 할 수 있습니다. 결국 교육과정과 수업, 평가는 하나로 묶여서 움직일 수밖에 없습니다. 교육과정–수업–평가의 일체화라는 말은 여기에서 시작되었습니다.

전통적인 교수·학습에서는 수업을 설계할 때 교육과정 이해 → 학습 목표 설정 → 학습 내용 선정 및 조직 → 평가 계획 순으로 진행되어 왔습니다. 전통적인 Forword 방식으로 가장 많이 사용하던 것입니다. 평가 단계는 수업이 계획되고 적용되면 거기에 맞는 평가를 계획합니다.

그러나 이해 중심 교육과정에서는 Backword 방식을 많이 활용하고 있습니다. 학습 내용 선정과 평가 단계의 순서가 바뀌어서 평가 설정이 먼저 이루어지고 나면 거기에 맞는 수업 형태를 구현하는 방식입니다.

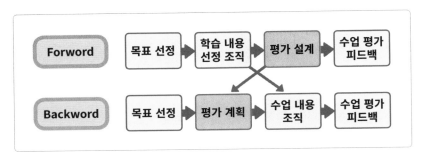

질문 수업의 설계는 평가를 준거로 하는 Backword로 수업을 설계하는 이해 중심 교육과정과 닮았습니다.

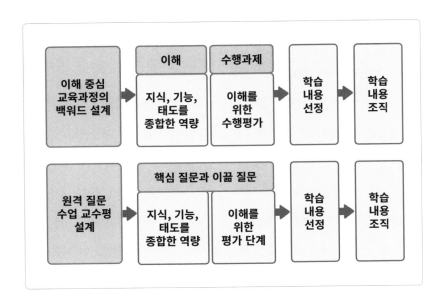

질문 수업은 학습 목표 선정 → 학습 내용 선정 → 평가 설계의 For-word 순으로 설계하지 않습니다. 또한 이해 중심 교육과정의 GRASPS, 빅 아이디어, 영속적 이해 등의 어려운 용어들을 사용하지 않습니다. 다만, 평가를 준거로 하고 있고 이해라는 '핵심 개념'이 접목되어 있다고 생각하면 되겠습니다. 이 이해를 위해 '핵심 질문'을 선정하고 '이끎 질문'을 단계별로 제시하게 됩니다.

이해 중심 교육과정에서는 이해의 형성과 확인을 위해서 평가 계획을 수립합니다. 이해를 확인할 수 있는 지식, 기능, 태도, 핵심 역량을 종합적으로 평가할 수 있는데, 질문 수업에서는 이끎 질문을 통해 평가 단계를 설정하여 운영하는 것이 차이점입니다.

원격 질문 수업은 무엇일까?

원격 질문 수업과 질문 수업에는 차이가 있을까요?

아니요. 차이가 있을 수 없습니다. 질문 수업은 원격에서나 교실에서나 그 기본은 모두 같습니다. 단지 장소의 차이일 뿐입니다. 물리적 공간이냐, 사이버 공간이냐의 차이입니다. 원격수업이나 교실 수업에서 배움이 행복하고, 스스로 참여하고 싶은 학습 정서가 긍정적으로 이루어진다면 이미 반은 성공한 셈입니다. 평가와 학습의 단계가 위계에 맞게 설정되어 있을 때 배움의 나머지가 채워집니다. 즉 교육과정과 수업 그리고 평가가 일체화되어 학습이 이루어질 때 배움이 극대화됩니다.

그러나 다양한 활동과 직접적 경험을 할 수 있는 등교수업과 사이버상에서 만나는 원격수업의 교육 활동 방법은 다를 수밖에 없습니다. 모니터를 보고 있는 상태에서 랜선을 통해 보고 듣고는 할 수 있습니다. 하지만 그곳에서는 촉각, 후각, 이러한 감각 기관을 이용한 배움은 불가능합니다. 원격에서 우리의 배움은 시각과 청각 중심이 되어 버렸습니다. 모든 감각 기관을 동원하여 학습할 수 있는 활동과 체험이 줄어든 사이버 세상입니다. 학습 형태의 변화로 학생들이 생각하는 방법이나 질문들에도 변화가 생길 수밖에 없습니다. 그래서 등교수업과 원격수업 형태에서 구현할 수 있는 것을 적절하게 안배해야 학생 배움이 조화를 이룰 수 있습니다. 원격수업 시대를 맞아 어떻게 교육과정을 재구성하여 수업과 평가 일체화를 실현할 수 있는가에 대한 고민을 함께해야 합니다.

원격수업에서는 실시간 쌍방향 원격수업이 진행된다고 하더라도 실제 상태는 혼자입니다. 단지 랜선을 통해서 함께하고 있을 뿐입니다. 그러다 보니 학생의 자기 주도 학습 역량이 필요합니다. 그러나 학생의 역량만을 강조해서는 안 됩니다. 원격에서 학생 배움 중심 수업이 될 수 있도록 수업의 방법을 찾아나서야 합니다. 학생 배움 중심 수업이 되기 위한 방법은 다양할 것입니다. 실시간 쌍방향 질문 수업 구조가 그중에 하나입니다.

chapter3에서 하브루타 질문 수업이 원격에서 가능한가에 대한 이야기를 나누었습니다. 온라인상에서 짝 토론, 전체 토론이 구조적으로 가능함을 보았습니다. 그러나 단순히 소회의실을 만들어 토론하고, 전체 공유하는 것으로 배움이 증진되었다고 말할 수는 없습니다. 교실 수업에서도 마찬가지입니다. 질문 수업의 가장 큰 묘미는 성취기준에 따른 핵심 질문과 이끎 질문입니다. 교사는 이끎 질문을 통해 학생들이 어떻게 핵심 질문에 닿을 수 있는 가를 고민해야 합니다. 결국, 이 핵심 질문은 학습 목표이고, 이끎 질문은 핵심 질문을 향한 평가 단계가 됩니다. 이끎 질문과 평가가 어떻게 연결되는지를 이해하기 위해서는 평가에 대한 개념을 먼저 살펴보아야 합니다.

과정 중심 평가란 무엇일까?

◉ - - ◉

학생 평가, 교원 평가, 수업 평가, 인지적 평가, 정의적 평가, 심동적 평가, 진단 평가, 형성 평가, 종합 평가, 규준 지향 평가, 준거 지향 평가, 능력 지향 평가, 성장 지향 평가, 역동적 평가, 수행 평가, 과정 중심 평가…

평가라는 단어가 들어간 것들을 나열해 보았습니다. 이 평가들은 평가 대상에 따라, 평가 대상 행동에 따라, 또는 평가의 기능에 따라 나누어지는 평가 종류입니다. 우리는 참으로 다양한 평가 속에서 교육과정을 운영하고 있습니다.

교육과정-질문 수업-평가를 이야기할 때는 과정 중심 평가가 중심입니다. 과정 중심 평가가 되기 위해서는 성취기준 단위로 평가가 이루어져야 합니다. 보통 하나의 성취기준은 1차시나 2~3차시의 수업 단위로 이루어질 수 있습니다. 또한 과정 중심 평가의 평가 결과가 점수화되는 것은 의미가 없습니다. 서열화를 위한 점수 방식은 이 평가 관점에서는 필요가 없습니다. 학습 단계별 수준에 맞추어 피드백이 이루어져 학생이 더 높은 단계로 나아갈 수 있도록 도와주는 평가가 되어야 합니다.

이러한 과정 중심 평가의 정착을 위해서는 평가 도구의 변화가 필요합니다. 선택형이나 단답형과 같은 정답 찾기 문제 풀이가 평가 도구가 되어서는 안됩니다. 평가가 수업 활동으로 사용되고 수업과 하나 되어 움직이게 하기 위해서는 그에 어울리는 평가 도구를 선택해야 합니다. 어떤 도구를 선택해야 학습이 피드백되고 학생의 앎에 맞추어 나갈 수 있는지 고민하고 평가 도구를 잘 선정할 필요가 있습니다.

질문 수업에서는 학생들의 질문과 대화, 토론, 논쟁이라는 과정이 수시로 일어납니다. 이 과정에서 배움 피드백에는 학생 상호 작용, 서술형 평가가 도구로 사용됩니다. 그렇다면 원격 질문 수업에서도 이러한 평가가 제대로 이루어질 수 있는가 하는 고민이 앞서게 됩니다. 학생들의 모습을 관찰하고 대화하고, 그것을 통해 피드백이 될 수 있는 환경이 우선 만들어져야 합니다. 수업 시간 중 학생의 성장을 위한 피드백 구조가 지속적으로 만들어지는가가 중요해집니다.

원격수업이든 등교수업이든 학습 과정에서 피드백이 효과적으로 작용하기 위한 조건을 먼저 확인해 보는 것도 과정 평가 계획을 수립하는 데 도움이 됩니다.

- 성취기준에 따라 학생의 학업 성장이 이루어지는지 아는 방법이 있는가?
- 학생이 적극적으로 피드백을 생성하고 사용하도록 하는가?
- 자아 효능감, 학습 정서의 긍정성, 목적지향에 긍정적 영향을 줄 수 있는가?
- 피드백이 너무 촘촘하여 학생들에게 중압감을 주지 않는가?
- 시의적절한 피드백인가?
- 학생 개개인에 적합한 피드백인가?
- 학생들에게 노력할 동기가 발생하도록 피드백을 하는가? 혹시 학생들의 실수나 오류에 대하여 과도한 피드백을 하고 있지는 않은가?

• 학생이 이해할 수 있도록 피드백이 되는가?

"지금 6개 맞았고, 나머지 4문제를 다시 풀어보자." 식의 학생들이 수행해 온 과제의 답이 '맞다, 틀리다'를 확인해 주는 확인적 피드백은 질문 수업의 과정 평가가 될 수 없습니다. "영어 스펠링 쓴 것 중 2자 틀렸네. 그것이 뭔지 찾아보고 써 볼래?"와 같이 학생 스스로 오류를 찾을 수 있도록 지원해 주는 구체적이고 정교화된 피드백이 학생 성장에 도움을 주는 과정 중심 평가입니다.

평가는 어떻게 계획하지?

평가 영역에는 인지적 영역 평가뿐만 아니라 정의적 영역 평가도 분명히 존재합니다. 그런데 원격에서 정의적 영역은 어떻게 평가해야 할까요? 단지 출석했다는 것으로, 바른 자세로 앉아서라는 이유로 상 수준의 높은 평가 피드백을 줄 수는 없습니다. 원격수업이든지 교실 수업이든지 평가 준거는 같습니다. 그 평가를 어떻게 수업에서 구현하는가, 원격에서 어떻게 구현할 것인가에 대한 형태적인 문제가 남습니다. 실시간 쌍방향 원격수업에서 평가는 어떤 형태로 계획해야 할까요?

평가 결과를 어떤 형태로 보여 줄지 먼저 생각해 보아야 합니다. 그럼 원격수업 평가 결과는 어떤 형태로 보여 줄 수 있을까요? 수업은 이미 진행되었는데 그 형태가 있어야 할까요? 수업과 평가가 일체화되어서 진행되어 버렸는데 도대체 평가를 어떻게 보여 줄 수 있을까요? 수업과 평가는 동전의 양면처럼 붙어서 일체화가 이루어지면 어떤 면을 강조하고 보아야 할지 고민하게 됩니다. 과정 중심 평가는 종이에 구현되는 형태로 존재하기도 하지만 그 형태가 구현되지 않을 수도 있습니다. 학습의 피드백이 이루어지고 있는 상태, 수업 속에서 발현되는 학생들의 성장에 초점이 있기 때문입니다. 과정 중심 평가는 수업 안에서 이루어지는 수많은 피드백의 연속, 그 피드백의 결과물이어야 합니다.

평가 문항		이야기를 읽고 인물이 추구하는 삶의 태도를 파악할 수 있다.
성취 수준 / 평가 기준	잘함	• 글 내용의 전반적인 흐름을 잘 이해하고 설명할 수 있다. • 인물의 말과 행동을 보고 그 인물이 추구하는 삶을 자신의 생각과 견주어 이야기할 수 있다.
	보통	• 글 내용의 전반적인 흐름을 이해하고, 순서에 따라 말할 수 있다. • 인물의 말과 행동을 보고 그 인물이 추구하는 삶을 설명할 수 있다.
	노력 요람	• 글 내용의 전반적인 흐름을 이해하지 못한다. • 인물이 추구하는 삶을 잘 표현하지 못한다.

질문 수업의 성취 수준/평가 기준

		성취 수준/평가 기준	평가 시기	평가 방법
◎	매우 잘함	인물의 상황과 행동에서 추구하는 삶을 이해하고 자신의 삶의 추구 방식을 말할 수 있다.	4차	교사 평가 (공책)
	잘함	남자와 나그네의 말과 행동에서 삶의 방식을 찾을 수 있다.	3차	교사 평가 (교과서)
○	보통	나그네와 남자의 상황을 말할 수 있다.	2차	학생 상호 평가 관찰
△	노력 요람	글의 전반적인 내용의 흐름을 말할 수 있다.	1차	학생 상호 평가 관찰

결과물만을 두고 평가가 이루어지게 될 때 평가와 수업은 분리되어 진행되기 쉽습니다. 수업과 상관없이 특정 시점에 평가를 시행해도 되기 때문입니다. 결과물만을 평가의 도구로 이용하게 되면 수업과 평가의 일체화가 되었다 할 수 없습니다. 우리가 일반적으로 많이 해 오던 수시 평가 계획과 원격 질문 수업에서의 '성취 수준' 즉 '평가 기준'을 비교해 보면 그 차이점을 알 수 있습니다.

원격 질문 수업에서 1차 단계는 학습 목표를 이루기 위해 최초로 시작되어야 하는 학습이 무엇인지를 찾는 것입니다. 1차 단계부터 수업과 평가가 일치하며 학습자에게 피드백이 되는 구조로 '성취 수준/평가 기준'이 설계되어야 합니다. 1차 단계의 학습이 이루어져야만 학생들은 2차 단계로 들어갈 수 있습니다. 학습 목표인 인물이 추구하는 삶의 태도를 알려면 글 속에서 드러난 상황, 인물의 행동을 이해하지 않고는 불가능합니다. 교육과정을 재구성하면서 프로젝트를 설계할 때도 1차, 2차와 같이 점진적 성장 단계로 설계되어야 합니다.

그렇다면 1차 단계에서 2차 단계로의 피드백은 어떻게 이루어져야 하는 걸까요? 교사가 일일이 학생 글 속의 전반적인 내용과 흐름을 말할 수 있는지를 확인하고 피드백해 주어야 할까요? 그렇게 하기에는 수업 시간이 너무 부족하지 않을까요? 학급에 30명의 학생이 있다고 30번의 이야기를 들을 수는 없습니다. 글을 읽고 내용을 학생들이 잘 배울 수 있는 학습 환경, 학습 구조를 만들어 주어야 합니다. 앞서 말한 피드백의 효과적인 조건 중 '학생이 스스로 피드백을 생성하고 사용하도록 하는가?', '학생들이 노력할 동기가 발생하도록 피드백을 하는가?', '학생이 이해할 수 있도록 피드백이 되는가?' 하는 3가지 측면에서 학생 상호 피드백 구조를 만들어 줍니다. 짝과 함께 읽고, 질문을 만드는 과정에서 놓쳤던 부분들을 자연스럽게 이해하게 됩니다. 학습력이 높고 낮음에 상관없이 모든 학생이 서로의 관점 차이에 의해 놓칠 수 있었던 부분을 상호 피드백으로 주고받게 됩니다.

또한 질문을 만드는 과정에서 학습 동기가 생기고 학습 성취를 위한 준비가 이루어지게 됩니다. 즉, 1차 평가 단계에서는 짝과 협력하여 함께 질문을 만드는 과정에서 자연스럽게 피드백이 이루어지도록 하는 것입니다. 그리고 교사가 짝 활동을 적절하게 피드백해 주는 것으로 이중 피드백 구조를 만듭니다.

2차에서 3차, 3차에서 4차의 단계에서도 마찬가지입니다. 학생 간 상호작용을 통해서 피드백할 수 있는 구조와 교사의 정교화된 피드백으로 학습의 단계를 올릴 수 있도록 해 주어야 합니다.

피드백과 학습 단계

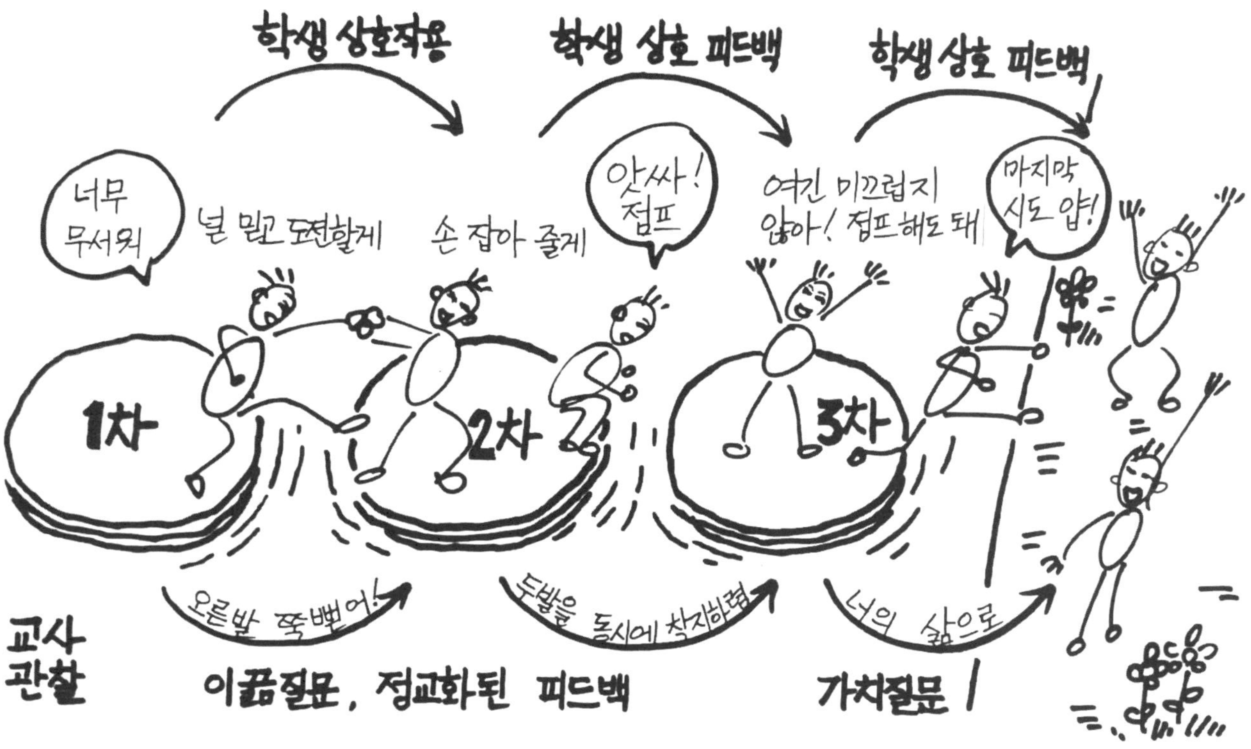
학생 상호작용
학생 상호 피드백
학생 상호 피드백
너무 무서워
널 믿고 도전할게
손 잡아 줄게
앗싸! 점프
여긴 미끄럽지 않아! 점프해도 돼
마지막 시도 얍!
1차
2차
3차
오른발 쭉 뻗어!
두발을 동시에 착지하렴
너의 삶으로
교사 관찰
이끎질문, 정교화된 피드백
가치질문

2 수업과 평가를 핵심 질문, 이끎 질문으로 일체화하라

핵심 질문과 이끎 질문

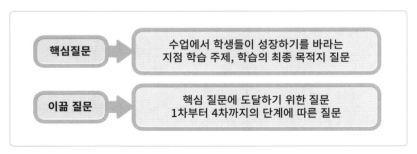

핵심질문	→	수업에서 학생들이 성장하기를 바라는 지점 학습 주제, 학습의 최종 목적지 질문
이끎 질문	→	핵심 질문에 도달하기 위한 질문 1차부터 4차까지의 단계에 따른 질문

핵심 질문은 말 그대로 핵심적인 질문입니다. 무엇에 대한 핵심적인 질문일까요? 당연히 프로젝트나 해당 수업의 주제를 탐구하고 해결하기 위한 핵심 질문입니다.

다음의 평가 문항으로 핵심 질문은 어떻게 만들 수 있을까요?

· 평가 문항: 이야기를 읽고 인물이 추구하는 삶의 태도를 파악할 수 있다.

−이야기를 읽고 인물이 추구하는 삶의 태도를 알 수 있을까?

−이야기를 읽고 인물이 추구하는 삶의 태도를 알아볼까?

−인물이 추구하는 삶의 태도는 뭘까?

만약 이렇게 평가 문항을 평가 질문으로 '까바놀이' 하듯이 바꾸어 버리면 학생들이 학습에 접근하기가 어렵습니다. 핵심 질문은 평가 질문과 다릅니다. 핵심 질문은 구체적이고 본질적인 물음이 되어야 학생들이 접근하기 쉽습니다. 인물이라는 추상적 단어 대신 글 속의 주인공 남자와 나그네라는 구체적인 인물을 대비해서 질문을 만들기만 해도 질문은 구체성을 띠게 됩니다.

· 핵심 질문: 남자와 나그네는 어떤 삶을 추구하는 걸까?

성취기준에 따라 평가 문항, 그리고 핵심 질문이 만들어지고 나면 이끎 질문을 만들어야 합니다. 이끎 질문 역시 평가 질문이 되어서는 안 됩니다. 마찬가지로 구체적이고 본질적인 물음이어야 합니다. 학습의 단계에 맞게 설정되어 나아가야 합니다.

학생들이 만든 질문 중에는 이끎 질문으로 활용할 만한 질문들이 많습니다. 학생들이 만든 질문이 핵심 질문에 다다르기 위한 더 본질적이고 구체적인 질문일 수 있습니다. 평가 단계에 따라 교사가 이끎 질문을 준비해 두었더라도 이 경우에는 학생의 질문을 그대로 수업에 활용하는 것이 더 좋습니다. 학생들의 질문으로 토의토론을 이어가기 때문에 긍정적 정서와 함께 학습의 흥미, 집중도가 올라갑니다.

　단위 수업 시간에 이끎 질문이 몇 개나 되어야 하는가에 대한 고민이 있을 수 있습니다. 핵심 질문을 해결하기 위한 이끎 질문은 너무 잘게 쪼개어 여러 개가 나오면 산만해지고, 학습량이 많아지므로 좋지 않습니다. 단위 시간 내에는 2~4개의 이끎 질문이 적절합니다.

학생 질문

　수업에서 학생들이 스스로 만든 질문은 여러 가지 측면에서 중요합니다. 수업에서 학생의 질문이 가지는 의미를 간략하게 살펴보겠습니다.

　첫째, 질문은 학생의 현재 위치를 파악하게 도와줍니다. 질문은 모르는 것, 궁금한 것을 찾아 작성하다 보니 학생이 모르는 지식이 무엇인지, 무엇에 관심이 있는지, 스스로 파악하게 하는 힘이 있습니다. 교사가 학생의 관심과 학습 상태를 체크할 수 있는 좋은 자료가 됩니다. 덕분에 빠르게 교사가 가르치려고 하는 것과 학생이 이미 알고 있어야 하는 것과의 간극을 찾아낼 수 있습니다.

　둘째, 질문을 만들기 위해서는 주어진 텍스트를 읽어야 하고, 그림을 자세히 보아야 합니다. 질문을 만들다 보면 읽을 때 놓쳤던 텍스트를 다시 보게 되고, 보이지 않았던 부분이 보이게 됩니다. 더 깊게 관찰하게 되고 더 넓게 사고하게 됩니다. 그사이에 학생들의 두뇌가 깨어나게 됩니다. 궁금해지고, 호기심이 발동하게 되고, 학습에 몰입하게 도움을 줍니다. 다른 친구의 질

146

문과 나의 질문에서 다름과 차이를 발견하게 됩니다. 끝으로 학생의 질문으로 수업을 해야 하는 이유는 그 무엇보다도 질문을 던지는 행위는 학습의 주체자로서의 일이기 때문입니다. 수업의 주체자는 학생 바로 자신이기 때문입니다.

chapter5에 활용된 본문 대강의 내용

한 나그네가 눈보라 치는 날 산길을 걷다가 한 남자를 만난다. 두 사람은 둘 다 산 아랫마을에 내려가는 중에 길동무가 되어 길을 간다. 눈보라는 거세어지고, 해가 지기 시작하여 어둠을 내렸지만, 서로를 의지하면서 걸었다. 그런데 갔던 길을 다시 걷고 있다는 사실을 깨닫고 길을 잃은 것 같았지만 나그네의 지혜로 다시 길을 가게 되자 남자는 안도한다. 산 중턱에 이르렀을 때 눈에 파묻힌 사람을 발견하게 된다. 얕은 숨을 겨우 내쉬는 사람은 백발이 성성한 노인이었다. 나그네는 자신들이 모른 체 한다면 이 사람이 죽을 것이라고 데리고 가자고 한다. 그러나 남자는 건강한 사람도 눈보라 속에 죽을 수 있다고 도와주지 말고 그냥 가자고 한다. 결국 나그네는 노인을 등에 업고 내려오고, 노인이 죽든지 알 바 아니라고 생각하는 남자는 혼자서 산에서 내려간다.

노인을 업고 내려오던 나그네는 땀이 흠뻑 젖은 채로 아랫마을 입구에 도착한다. 그러나 마을 입구에 한 사람이 쓰러져 있는 것을 발견한다. 가까이 가보니 먼저 산을 내려갔던 그 남자였다.

평가 단계에 따른 이끎 질문 만들기

평가 단계별 이끎 질문

	성취 수준/평가 기준		평가 시기	이끎 질문
◎	매우 잘함	인물의 상황과 행동에서 추구하는 삶을 이해하고 자신의 삶의 추구 방식을 말할 수 있다.	4차	이끎4) 나라면 ?
◎	잘함	남자와 나그네의 말과 행동에서 삶의 태도를 찾을 수 있다.	3차	이끎3) 나그네의 삶의 태도가 드러나는 말과 행동은? 이끎2) 남자의 삶의 태도가 드러나는 말과 행동은?
○	보통	나그네와 남자의 상황을 말할 수 있다.	2차	이끎1) 나그네와 남자가 처한 상황은?
△	노력 요함	글의 전반적인 내용의 흐름을 말할 수 있다.	1차	

이끎 질문은 핵심 질문을 해결하기 위해 산의 정상을 오를 때 발견하게 되는 방향 표지판 같습니다. 방향 표지판이 없으면 우리는 다른 길로 갈 수도 있고 갈림길에서 어디로 갈지 정하지 못해 난감할 때도 있습니다. 이끎 질문은 학습 목표를 향해 가는 길을 안내해 주는 역할을 합니다.

이끎 질문이라는 방향 표지판은 어떻게 만들어야 할까요?

이끎 질문은 평가와 학습의 단계에 따라 이루어집니다. 평가 계획을 세울 때 평가 단계에서 혼돈하면 안 되는 것은 평가 질문과 이끎 질문입니다. 이끎 질문은 핵심 질문에 다다르기 위한 질문이고, 평가 질문은 그 해당 사항을 평가하기 위한 질문입니다. 학습의 1차 단계에서 학생 스스로의 질문과 대화만으로도 목표하는 평가 단계가 저절로 이루어지는 경우도 있습니다. 이런 경우 교사의 이끎 질문이 필요 없는 경우도 있습니다. 그러나 평가 질문은 있을 수 있습니다.

글의 전반적인 내용의 흐름을 말할 수 있는가?

글을 읽고 질문을 만들 수 있는가?

글을 읽고 대강의 내용을 말할 수 있는가?

이렇게 평가 문항에 맞추어 질문을 만들 수 있습니다. 평가 질문과 이끎 질문은 이처럼 분명하게 다릅니다.

평가 단계에 따른 1~4차 이끎 질문 만들기를 살펴보겠습니다.

☑ **1차**	• 글의 전반적인 내용의 흐름을 말할 수 있다.
	• 학생 스스로 질문으로 내용 파악하기

평가와 학습의 첫 단계인 1차에서는 주어진 학습 자료를 살펴보고 질문을 만드는 과정이 주를 이룹니다. 이끎 질문을 통해 깊이를 다루는 학습보다 텍스트나 그림 등을 살펴보는 학습 단계입니다. 이 경우에는 교사가 제시하는 이끎 질문보다는 학생 스스로 만든 질문으로 학습 출발선을 확인하는 학

습 형태가 필요합니다.

학생들이 핵심적인 내용을 파악한 후 질문을 만들면서 내용을 다시 확인하게 되고 또다시 새로운 질문으로 연결하는 시간입니다. 또한 텍스트를 읽고 짝과 질문을 만들고 그것에 관한 대화를 함으로써 단순히 읽는 행위를 넘어서 자신의 궁금증과 학습 동기를 만드는 단계입니다. 짝과 상호 작용하면서 자연스럽게 피드백을 받을 수 있는 수업 구조입니다.

☑ 2차	• 나그네와 남자의 상황을 말할 수 있다.
이끎 질문	• 나그네와 남자가 처한 상황은?

이 평가 단계는 최종 목적지인 인물이 상황에 따라 처한 행동과 이들이 추구하는 삶의 태도를 통해 자신의 삶을 조명해 보는 원격 질문 수업의 첫 단추입니다. 두 남자가 처한 상황을 이해하지 못한다면 최종 목적지까지 갈 수가 없습니다. 학습 정상을 향해 가는 첫 번째 이끎 질문이 됩니다.

☑ 3차	• 남자와 나그네의 말과 행동에서 삶의 태도를 찾을 수 있다
이끎 질문	• 남자의 삶의 태도가 드러나는 말과 행동은? • 나그네의 삶의 태도가 드러나는 말과 행동은?

어떤 단계에서는 이끎 질문이 2개가 제시될 수도 있습니다. 남자와 나그네를 동시에 제시하여 그들의 삶의 태도를 동시에 찾기보다 하나씩 분절하여 찾아보는 것이 학습 효과가 좋습니다.

학습 마지막 단계는 자신과의 대화, 즉 자신의 삶의 가치를 찾아가는 질문으로 이루어질 때 삶과 앎이 하나가 되는 학습으로 전이됩니다.

이끎 질문을 제시할 때 순서가 있을까요?

이끎 질문 제시는 교과마다 다르게 운영될 수 있지만, 기본적으로 내용 질문에서 종합 질문으로 나아가며 활용하는 것이 좋습니다. 블룸의 사고 수준 단계와 정의적 영역 단계를 참고하여 질문을 만들어 제시하면 학습 단계의 전이가 쉽습니다. 단위 수업 시간에 모든 단계를 활용할 수는 없지만 그 흐름의 과정을 이해하고 질문 수업에 운영해 보면 도움이 됩니다.

블룸의 사고 수준 단계

역	질문 내용
지식	• 학습한 내용에 관한 질문으로, 국어 교과서에 학습지문이 나온 후 하위에 많이 제시되고 있는 질문 -언제 일어난 일인가요? -지우가 떠난 뒤 어떤 일이 일어났나요?
이해	• 학습한 내용의 의미를 파악하는 능력을 위한 질문, 단순 정보를 기억하는 수준을 넘어 자료의 내용을 해석하고 토론하는 능력 필요 -여우는 왜 접시에 수프를 내놓았을까? 두루미는 어떤 접시에 음식을 먹을 수 있을까? • 질문에 대한 해답을 찾아가기 위해 행간의 의미, 글 속에 나와 있지 않은 상황, 상상을 자극하는 질문도 해당
적용	• 이미 배운 내용인 개념이나 규칙, 원리를 응용할 수 있게 도와주는 질문 -큰 키 친구, 작은 키의 친구, 서로 키가 다른데도 태양의 고도는 왜 같은 걸까?

분석	• 구성 요소의 상호 관계를 이해하고, 주어진 자료의 구성 및 내용을 분석하도록 도와주는 질문 　-여우는 납작한 접시의 수프를 먹을 수 있는데 두루미는 왜 먹을 수 없는가? • 주어진 내용 중 2가지 이상의 개념을 비교분석하고, 인물 간의 관계, 특징을 알아보기 위한 과정
종합	• 여러 요소나 부분을 모아 새로운 체계를 만들거나 창의적 사고가 필요한 질문 　-두루미도 납작한 접시의 수프를 먹게 하려면 어떻게 해야 할까? 　-새로운 제목을 붙인다면?
평가	• 작품, 자료 등에 대하여 가치 판단을 내릴 수 있는 질문 　-주어진 글의 논리적 전개 과정은 맞는가? 　-주인공이 다르게 행동했다면 어떻게 되었을까?

　학생 스스로 만드는 질문에는 내용 질문보다는 이해 수준부터 종합 단계까지의 질문들이 더 많습니다. 교사가 이끎 질문을 제시할 때 첫 단계부터 종합이나 평가 질문에 해당하는 것을 제시한다면 단계적 피드백이 부족하게 됩니다. 이것은 평가 단계에도 맞지 않을뿐더러 인지적 사고 수준 단계에도 역행하기 때문에 학습 효과가 떨어질 수 있습니다. 첫 이끎 질문은 지식, 이해 적용 단계의 질문부터 시작하여 이끎 질문 3단계에서는 종합 질문으로 제시하는 것이 좋습니다.

- 내용 질문: 텍스트를 읽고 사실적 내용을 이해하는 질문
- 상상 질문: 상상을 자극하는 질문
- 적용 질문: 실생활에 실천하고 적용하는 질문
- 종합 및 가치 질문: 종합적이고 가치를 향해 가는 질문

질문의 체계로 보았을 때 종합 질문은 블룸의 정의적 영역 단계에 따른 질문을 생성하여 활용하면 됩니다. 정의적 질문이란 감정이나 태도, 흥미에 대한 수용, 어떤 자극이나 활동에 대한 반응, 의의와 가치를 직접 추구하고 행동하는 가치관의 정도, 일관성 있게 가치 체계를 조직하고 내면화하는 단계인 조직화, 지속적이고 일관성 있게 그것을 그의 행동으로 예측할 수 있을 정도로 내면화된 정도를 보여 주는 인격화 등을 알아볼 수 있는 질문을 활용하는 것입니다.

　　그런데 불룸의 정의적 영역에 관한 많은 내용을 단위 수업 내에서 다 활용하기는 어렵습니다. 이때 유용하게 활용되는 질문이 '나라면? 너라면? 우리라면?'입니다. 이는 감정이입을 할 수 있는 질문으로, 창의적이고 융합적인 질문입니다. 질문의 위계에 따라 지식 학습에서 정의적 배움으로, 삶의 장소로 변환할 수 있도록 도움을 줄 때 이끎 질문의 효력이 발휘됩니다.

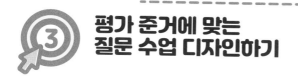

3 평가 준거에 맞는 질문 수업 디자인하기

평가 단계에 맞는 수업 형태의 필요성

질문 수업은 질문, 대화, 토론, 논쟁이라는 기본 구성을 포함하고 있습니다. 이 4가지를 수업 속에 녹여 낼 때 질문 수업의 학습 효과를 극대화할 수 있습니다. 질문 수업을 한마디로 정의해 보면 짝을 지어 질문하고 대화하며, 토론하고 논쟁하는 수업입니다.

지금부터 우리가 고민해야 하는 것은 교실 수업에서도, 원격수업에서도 이것을 구현할 수 있게 해야 한다는 것입니다. 교실에서 얼굴을 마주보고 움직일 수 있을 때와 온라인으로 얼굴을 보고 있을 때의 수업을 디자인하는 것은 다를 수 있습니다. 그러나 대원칙인 질문, 대화, 토론, 논쟁의 요소가 적절하게 혼용되어 수업에 적용되어야 합니다. 그리고 이것이 질문 수업의 평가 단계에서 적절한 피드백이 일어날 수 있는 학습 구조가 되어 있는지를 살펴보아야 합니다.

학습의 모든 학생이 학습에 참여하고 있는가?

학습의 단계별 피드백이 어떻게 이루어지고 있는가?

질문과 대화의 단계가 있는가?

교육과정-수업-평가가 일체화되기 위해서는 평가 단계를 설정하는 것도 중요하지만 수업을 진행하는 동안 어떤 평가 방식으로 피드백이 이루어지게 할 것인가, 효율적이고 효과적인 학습 형태를 어떻게 구축할 것인가 하는 것을 고민하면서 수업을 디자인해야 합니다. 교실 수업에서는 다양한 학생이 함께 존재하기 때문에 수업 시간을 효율적으로 사용할 수 있도록 수업 형태가 만들어져야 합니다.

협력 수업에서 4인 1조보다 2인 1조의 학습 형태가 더 낫다고 주장할 수 없습니다. 또 2인 1조가 4인 1조보다 훨씬 더 좋다고 말할 수도 없습니다. 학습 주제가 무엇을 요구하고 있는가에 따라 학습 형태는 바뀌어야 하고, 둘 중 조금이라도 많은 학생의 학습력을 올리는 방법을 선택해야 합니다. 그러나 수업 형태를 디자인하면서 꼭 기억해야 할 것이 있습니다.

학생의 배움은 기업의 아이디어 생성 과정과 다르다

수업을 디자인할 때는 배움의 과정에 있는 존재, 학생의 발달 단계를 늘 기억해야 합니다. 다양한 아이디어를 공유하고, 최고의 아이디어를 생성하여 최고의 제품을 만들기 위해 활용하는 협력 구조라고 해서 학생들에게도 적합하다고 할 수는 없습니다. 그 제품의 성공은 그것을 개발하고 아이디어를 구축한 사람들에게 바로 직결되고, 기업의 이윤과도 직결되기 때문에 대화의 구조가 조금 비효율적이거나 어느 정도의 희생도 합의의 과정을 거치면서 해결할 수 있습니다. 아이디어를 생성하고 구축하고 지식을 집약하는 과정이 학생들의 배움의 방식과 같을 수 없습니다. 일반 사회에서 적용이 잘된 협력 구조가 학생들에게 적용하면 잘되지 않는 경우는 그것에 참여하고 있는 구성원과 그 결과에 대한 가치가 다르기 때문입니다.

다양한 역량을 키우는 학습의 구조가 필요하다

학생들에게 배움은 학업 성취라는 결과도 있겠지만 동시에 다양한 역량을 키우는 것입니다. 이 역량이 자라게 도와주어야 하는 것이 바로 학교 수업입니다. 미래 사회가 요구하는 의사소통 역량, 지식정보 처리 역량, 공동체 역량 등 다양한 역량을 키우는 수업을 만들어야 합니다. 수업의 형태와 구조 속에 다양한 역량을 키울 수 있는 활동이 녹아 있어야 합니다. 일제식으로 전달하는 학습 방법으로 이러한 역량을 기르기 어렵고, 과정 중심 평가가 이루어지기 어렵습니다. 교육과정–수업–평가의 일체화가 이루어지고 학생들의 역량을 동시에 성장하게 하는 수업 구조가 필요합니다.

1~4차 이끎 질문과 교사 피드백

학생 상호 작용이 원활하게 이루어진다고 하더라도 교사의 개입, 교사피드백은 필요합니다. 교사는 학생 활동을 살펴보면서 피드백이 필요한 학생들에게만 다가가면 됩니다. 배움 중심 수업에서는 학생들의 학습 과정이 보이기 때문에 개별 피드백이 쉽습니다. 또한 학생들의 질문 공책에 작성된 질문을 확인함으로써 학생들의 학습 성취 단계를 확인하고 정교화된 피드백이 가능합니다.

단위 수업이라는 짧은 시간에 모든 학생을 동시에 학습 피드백해 줄 수는 없습니다. 그러하기에 수업 형태를 학생 상호 간의 피드백 구조가 될 수 있도록 만들어야 합니다. 학생 상호 간의 피드백이 학습에 효과적인 이유는 학습 정서와도 관련이 있습니다. 첫 시작부터 교사의 피드백이 너무 촘촘하면 학생들은 과도한 학습으로 부담을 느끼거나 학습 흥미를 잃을 수도 있습니다. 학생 상호 작용을 통한 학습 피드백과 교사의 피드백이 적절하게 섞여 있어야 긍정적 학습 정서를 만들 수 있습니다.

평가 단계-이끎 질문-수업 구조 살피기

◉ 1차: 글의 전반적인 내용의 흐름을 말할 수 있다

✒️ 1차	• 학생 스스로의 질문으로 내용 파악하기
피드백 구조	• 학생 상호 작용으로 학습 피드백 –짝과 함께 읽기 –짝과 함께 질문 만들기

글을 읽고 학생들이 어떻게 내용의 흐름을 말하고, 교사는 피드백할 수 있을까? 이 문제는 '짧은 시간에 많은 학생을 피드백할 수 있을까' 하는 문제

에 봉착합니다. 교사가 한 명 한 명 붙잡고 설명하고 확인할 수 없습니다. 다인수 학급의 학생 수는 단위 시간 내에서 하나의 활동마다 교사가 학생 개별로 피드백할 수 있는 시간을 허용해 주지 않기 때문입니다.

원격 질문 수업의 이 단계는 '짝과 함께'라는 놀이 구조를 통해 글의 전반을 이해하는 과정입니다. 첫 번째, 짝과 함께 주고받으면서 책 대화 읽기를 하다 보면 반 전체 학생이 '글을 읽고'라는 과정을 끝까지 수행하는 효과가 생깁니다. 소리 내어 읽다 보면 잘못 읽은 부분을 스스로 인식하게 되고 짝이 수정 보완해 주게 됩니다. 짝이라는 형태로 인해 자연스럽게 피드백 구조가 만들어집니다.

두 번째, '전체 내용 이해'라는 과정은 짝과 함께 질문을 만듦으로써 자신이 놓쳤던 부분을 살펴보게 하고 폭넓은 이해를 하게 합니다. 짝 활동 그 자체가 수업과 피드백이 동시에 일어나도록 도와주는 중요한 수업 형태입니다. 물론 짝을 이룬 학생들의 학습 수준이 낮아서 서로가 피드백되지 않을 수도 있습니다. 그래서 짝 이동 학습 대화를 통해 한 명이 아니라 다양한 짝으로 피드백을 받게 해 주는 형태입니다.

◎ 2차: 나그네와 남자의 상황을 말할 수 있다

2차	• 나그네와 남자가 처한 상황은?
피드백 구조	• 전체 공유를 통한 사고 확산 –교사 피드백

1차 단계에서 짝과의 학습 대화가 텍스트 전반의 내용을 이해하는 것에

목적을 두었다면, 이제부터는 핵심 질문을 향해 가는 단계입니다. 이때부터는 학생 상호 작용 형태의 변화가 필요합니다.

1차 단계에서는 짝 이동 활동 형태로 수업이 이루어집니다. 이번에는 글 내용의 명확한 이해를 교사와 함께 짚고 나아가는 단계입니다. 짝과 충분한 대화가 오고 갔다면 그것을 전체 발표를 통해 공유하는 과정입니다. 전체 공유 과정에서 학생들은 스스로 오류를 느끼게 되거나 교사의 피드백으로 학습의 방향을 찾아가게 됩니다.

● 3차: 남자와 나그네의 말과 행동에서 삶의 태도를 찾을 수 있다

☑ 3차	• 남자의 삶의 태도가 드러나는 말과 행동은? • 나그네의 삶의 태도가 드러나는 말과 행동은?
피드백 구조	• 짝 활동 전체 공유, 전체 토론하기 –짝과 학습 대화하며 말과 행동찾기

3차 단계에서 제시된 이끎 질문은 2가지로 인물에 따라 나누었을 뿐입니다. 내용 속에서 그들의 삶의 태도가 드러나는 말과 행동을 찾는 활동입니다. 이때에도 혼자서 학습하는 것이 아니라 짝과 함께 동시에 찾으면서 그 이유를 설명하게 합니다.

A학생: "우리도 죽을지 살지 모르는 판에 누구를 도와준단 말이오?"
이 말에서 남자는 좀 이기적인 사람 같아. 자신만 살려고 하는 사람이라는 생각이 들어. 너는 어떻게 생각해?

B학생: 내 생각에는 이건 자신의 생명과 관련된 상황이니 남자가 당연히 그럴 수도 있을 것 같아. 자신이 죽을지도 모르는 상황에서는 사람은 누구나 다 이기적으로 되는 것 같아. 평소에는 이기적이지 않을 수도 있지 않을까?

짝과의 학습 대화를 통해 학생들은 글 속의 상황, 인물의 행동과 태도를 자신의 삶과 연결 짓기를 시작합니다. 분석하여 적용해 보는 단계로 친구들의 다양한 생각들을 수집하면서 자연스럽게 연결이 됩니다.

짝과의 대화가 끝난 후에는 전체 공유를 통해 짝과 활동한 것을 전체와 함께 토론하는 과정입니다. 나그네의 삶의 태도를 나타내는 문장 찾기에서 짝 대화를 통해 '휴, 이제 살았다!'라고 생각하고 발표를 했을 때, 이 문장이 삶의 태도와 관련 없다고 생각하는 학생도 있을 수 있습니다. 이런 경우 '삶의 태도를 나타내는 문장이다/아니다'로 전체 학생을 대상으로 다시 토론해 보는 것이 교사의 피드백입니다. 교사의 피드백은 답을 찾아 주는 것이 아니라 학생 스스로 답을 찾아가게 도와주는 것이 좋습니다.

◉ 4차: 인물의 상황과 행동에서 추구하는 삶을 이해하고, 자신의 삶의 추구 방식을 말할 수 있다

✏ 4차	• 나라면?
피드백 구조	• 짝과 학습 대화하며 자신의 가치 찾기 • 배움 글쓰기: 교사 피드백

마지막 단계에서는 "나라면 이 상황에서 어떻게 했을까?"와 같은 종합 질문으로 학생들이 지금까지의 학습을 종합하고 자신의 삶의 가치로 나아갈 수 있도록 학습 대화를 유도합니다. 짝 대화가 원활하게 이루어지고 난 후에는 짝이 아니라 자신과의 대화를 통해 글쓰기로 녹여 냅니다. 지금까지 학습한 것을 종합하고 자신의 가치에 대한 글을 작성함으로써 수업을 마무리합니다.

이 배움 글쓰기는 교사의 마지막 단계 피드백 도구가 됩니다. 1차, 2차, 3차, 4차 단계가 배움의 글쓰기를 통해 피드백되면 학습의 마지막 결과물이 제대로 이루어지고 평가 자료로 활용할 수 있게 됩니다.

학습 대화 시 효과적인 모둠 구성은 어떻게 되나요? 4인 1조보다 2인 1조가 더 나은가요?

짝을 구성하는 형태는 어떤 학습을 하는가에 따라 다릅니다. 4인 1조 모둠 학습 형태라고 별로인 것도 아니고, 2인 1조라고 더 좋은 형태라고도 할 수 없습니다. 4인 1조는 학생들의 생각을 동시에 많이 공유한다는 측면에서 좋습니다. 그러나 학습 대화를 할 때는 2인 1조로 구성하고 짝을 이동함으로써 공유를 극대화하는 것이 학습의 효율과 효과를 올릴 수 있습니다.

학생들의 대화 시간 확보에서는 1:1 구조가 더 유리합니다. 2인 1조 구조에서는 말을 하는 사람 1인, 듣는 사람 1인으로 구성되어 듣는 이가 누구든지 이야기를 꼭 들어주어야 하는 구조입니다. 말하기, 듣기를 꼭 해야만 하는 구조이기 때문에 전원이 참여할 수 있는 학습 대화법입니다. 1:1 학습 대화 구조가 더 많은 참여의 기회를 얻게 도와줍니다.

또한 친구 1인을 상대로 이야기할 때는 여러 명 앞에서 발표하는 것과 달리 심리적으로 편안한 상태에서 대화를 할 수 있습니다. 그래서 어떤 형식을 갖춘 토론보다 더 큰 울림으로 다가오기에 학습 정서를 긍정적으로 만들어 주는 효과가 있습니다.

chapter6.

원격 질문 수업 교수평 일체화의 실제

∨
∨
∨

국어과 실시간 화상 질문 수업의 실제

국어과 실시간 화상 원격수업을 시작하며

원격수업에서 아이들의 말하기 능력은 어떻게 신장시키지?

교과서의 긴 지문을 어떻게 읽히지?

아이들의 독해력은 어떻게 신장시켜야 할까?

수업 시간이 즐거우려면?

아이들의 글쓰기 역량을 어떻게 강화시키지?

국어는 모든 교과의 기본입니다. 원격수업 시대 국어 수업에 대한 고민이 더 깊어지는 이유입니다. 국어는 듣기, 말하기, 읽기, 쓰기, 문법, 문학까지 삶을 살아가는데 가장 기초적인 것을 배우는 수업입니다. 그런데 COVID-19 시대가 되면서 수업 시간에 자연스럽게 소통하면서 익혀야 할 과정들이 콘텐츠를 통해 단방향 지식 위주 수업으로 이루어지고 있는 것 같아 안타깝습니다. 국어 수업이야말로 학생들이 입을 열고 말을 하면서 서로의 의견을 주고받고 생각을 나누는 과정이 꼭 필요합니다. 국어 교과의 말하기, 듣기, 읽기, 쓰기는 삶을 영위하는 기본 교육 영역입니다. 또한 글을 읽고 이해하고 그것을 해석하는 능력은 다른 교과 학습을 위한 디딤돌 역할을 합니다.

그러나 원격수업의 과제 학습이나 콘텐츠 학습은 국어과에서 요구하는 역량을 기르기에는 역부족입니다. 그나마 실시간 쌍방향 수업을 통해 학생들의 국어과 역량을 기를 수 있습니다. 학생들의 역량을 강화하기 위해서 교육과정-수업-평가의 일체화는 원격수업, 등교수업이 교차하고 있는 시대에 더 절실히 요구됩니다. 교육과정-수업-평가의 일체화는 교실 수업에서든 온라인 수업에서든 같이 적용됩니다. 단지 물리적 공간이 아니라 사이버 공간, 그래서 학습에 이용하는 도구가 다를 뿐입니다.

성취기준 분석 및 수업자 의도

◉- - ◉

4학년 국어과 1단원의 수업을 설계하기 전에 먼저 성취기준의 서술을 살펴보면 '~ 태도를 지닌다, 의견을 교환한다' 등의 정의적 영역을 평가하고 있습니다. 해당 교과서의 학습 주제는 일어난 일에 대한 의견 말하기입니다. 일어난 일에 대하여 말하고, 듣고, 그리고 자신의 생각을 표현하는 과정에서 올바른 태도까지 형성할 수 있는 수업이어야 합니다.

이에 맞게 수업자는 성취기준, 학습 주제를 확인한 후에 수업을 어떤 형태로 구현하고자 하는지, 학생들에게 어떤 배움이 일어나게 할지를 결정해야 합니다. 온라인 수업에서 수업자 의도는 더 다양해질 수 있습니다. 질문과 대화의 형태 이외에 학생들의 사이버상에서의 학습 도구 활용법까지도 교사가 의도하여 수업에 구성해 넣어야 합니다.

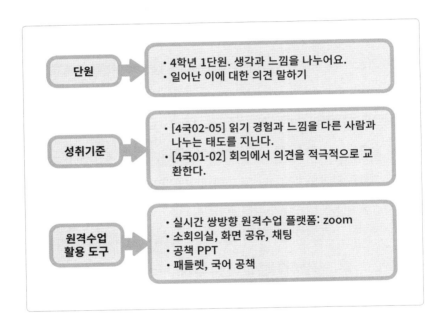

국어 교과서를 활용한 실시간 쌍방향 수업의 첫 시간으로 학생들끼리 얼굴을 마주하고 학습할 수 있음을 알게 해 주는 수업입니다. 소회의실에서 짝과 둘만 있다 보면 짝 활동의 학습이 잘 안 될 수도 있습니다. 소회의실로 이동하기 전 채팅창을 통한 명확한 과제 제시와 사후 확인, 그리고 피드백이 잘 이루어지는 구조로 원활한 학습을 돕고자 합니다.

또한 짝과 함께 질문 만들기를 통해 텍스트에 대한 이해를 극대화할 뿐만 아니라 짝과 대화하는 방법을 안내하여 질문과 대화 수업에 익숙해질 수 있도록 합니다.

평가 문항과 핵심 질문

평가 문항	일어난 일에 대한 의견을 말할 수 있다.
핵심 질문	노마와 기동이는 어떻게 행동하는 게 좋았을까?

평가 문항이 일어난 일에 대하여 의견을 말하는 것으로 선정되면 그에 맞는 핵심 질문을 만들어야 합니다. 평가 문항 자체를 가지고 핵심 질문으로 바꾸어 보겠습니다.

일어난 일에 대하여 의견을 말할까?

일어난 일에 대하여 의견을 말할 수 있습니까?

일어난 일에 대하여 어떻게 의견을 말할까?

뭔가 이상하지요. 어떤 형태의 질문으로 바꾸어야 할까요? chapter5에서 언급한 것처럼 핵심 질문은 평가 질문이 아니라는 점을 잊어서는 안 됩니다. 핵심 질문은 교사가 성취기준에 도달할 수 있게 학생들에게 제시해 주는 질문입니다. 좀 더 구체적으로 학생들에게 인식되고 학생들이 본질적인 학습할 수 있는 질문이 제시되어야 합니다. 평가 문항을 들여다보면 학생들은 2가지를 해결할 수 있어야 합니다. 첫째, 일어난 일에 대하여 알아야 한다. 둘째, 자신의 의견을 말할 수 있어야 한다.

평가 계획에 일어난 일에 대한 것을 이해할 수 있는 활동과 학생이 자신의 의견을 말하는 활동 2가지가 필수로 들어가야 한다는 의미이기도 합니다. 핵심 질문은 학습의 최종 목적지입니다. 일어난 일에 대한 자신의 의견을 말할 수 있도록 해주는 질문이 되어야 하겠지요.

핵심 질문을 "기동이와 노마는 어떻게 행동하는 것이 좋았을까?" 이렇게 바꾸게 되면 학생들이 어떤 의견을 말해야 하는지 명확해집니다. 이렇게 학생들에게 제시하는 핵심 질문은 구체적이고 본질적이어야 합니다.

성취 수준 및 평가 단계와 이끎 질문

		성취 수준/평가 기준	평가 시기	이끎 질문
◎	매우 잘함	자신이라면 이러한 상황에서 어떻게 행동할지 이야기할 수 있다.	📝 4차	나라면?
	잘함	논쟁을 통해 자신의 의심에 대한 의견을 말할 수 있다.	📝 3차	의심하는 것은 당연하다/의심하는 것은 나쁘다.
○	보통	감정언어를 활용하여 노마의 마음과 기동이의 마음을 이해할 수 있다.	📝 2차	노마의 마음? 기동이의 마음?

성취 수준/평가 기준			평가 시기	이끎 질문
△	노력 요함	질문과 대화를 통해 일어난 일에 대하여 알 수 있다.	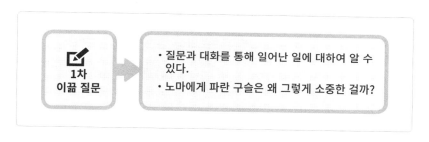1차	노 마 에 게 파란 구슬은 왜 그렇게 소 중한 걸까?

1차 이끎 질문

- 질문과 대화를 통해 일어난 일에 대하여 알 수 있다.
- 노마에게 파란 구슬은 왜 그렇게 소중한 걸까?

1차 단계는 주어진 글을 읽고 학생들 스스로가 질문을 만들고 자신의 질문으로 내용을 파악해 나가는 단계입니다. 학생들의 질문만으로도 충분히 내용을 파악하는 데는 무리가 없습니다. 그러나 학습의 흐름상 꼭 확인하고 가야 할 것이 있으면 교사가 이끎 질문을 제시하여 전체가 함께 대화합니다. 이러한 이끎 질문이 교사가 학생들에게 피드백해 주는 질문입니다. 이 질문이 다음 학습 단계로 나아가는 디딤돌이 됩니다.

다양한 질문 중에 굳이 파란 구슬 이야기를 꺼내 제시하는 이유는 파란 구슬에 시대적 상황이 들어 있기 때문입니다. 지금의 학생들에게는 파란 구슬을 잃어버렸다고 해서 친구를 의심하면서까지 종일 찾으러 다닐 이유가 없습니다. 가지고 놀 것이 많고, 파란 구슬을 잃어버려도 그것을 대체할 물품이 많은 시대의 아이들입니다. 노마나 기동이의 마음을 이해하기 어렵습니다. 파란 구슬은 지금의 학생들에게 가장 소중한 스마트폰 정도의 가치가 될 것입니다.

이 이끎 질문이 교사의 피드백이 되는 이유는 학생들이 학습 대화를 통해 그것이 소중할 수밖에 없는 이유를 찾을 수 있도록 도와주고 있기 때문입니다.

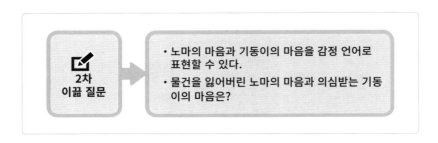

학생들의 질문들 중 가장 많이 등장하는 질문이기도 합니다. 글을 읽다 보면 "노마의 마음이 어떨까, 기동이의 마음이 어떨까?" 하는 질문들을 만들어 냅니다. 학생들의 질문은 그대로 이끎 질문이 되어 학생들에게 되돌려 줍니다. 이때 학생들에게는 자신의 질문이 이끎 질문이 되기 때문에 학습 대화가 더 원활하게 이루어지는 효과가 있습니다.

노마와 기동이가 처한 상황의 마음 상태로 현상을 이해하기 위한 과정입니다. 일이 일어난 일에 대한 의견을 단순히 '잃어버렸다, 의심 받았다' 한마디로 이야기하는 것이 아닙니다. 그 사이에 일어나는 마음을 살펴보는 것도 자신의 의견을 찾아가는 좋은 방법이 됩니다.

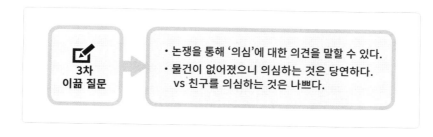

3차 단계에 와서는 단순히 마음을 이해하는 것이 아니라 논쟁을 통해 자기 생각, 자신의 경험을 들어 대화할 수 있도록 합니다. 또한 입장 바꾸기 활동을 하여 상반된 입장에서도 생각해 볼 수 있도록 합니다. 논쟁하는 과정에서 2개의 의견에 관해 주장하기 위해 근거, 경험을 꺼내어 뒷받침하면서 자신의 생각을 새로이 정립하기도 합니다.

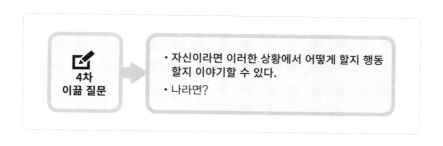

학습의 마지막 단계에서는 자신의 삶으로 배움을 가져와야 합니다. 1차, 2차, 3차가 주어진 지문의 사건을 이해하는 과정이라면 4차는 그 배움과 자신의 삶을 연결하는 과정입니다.

국어과 원격 질문 수업 만들기

◉- - -◉

 핵심 질문과 평가 단계가 설정되고 이끎 질문이 만들어지면 피드백을 고민하여 수업 형태를 결정합니다. 이끎 질문과 수업 구조가 적절하게 조화를 이루면 학생의 학습 도달도가 높아집니다.

◉ 생각 열기 : 질문과 대화를 통해 일어난 일에 대하여 알 수 있다

단계	이끎 질문	zoom 온라인 수업 방법
생각 열기	없음	• 인사 나누기(2분) 　－대기 시간 음악 듣기: 소리 공유 • 그림 까바놀이 　－2인 1조의 소회의실 열기(1분) → 전체 까바놀이(2분) 　　모두에게 추천 활용 　'까만놀이'를 하며 '의심'읽기 　①소회의실(6분)–짝 이동 　②소회의실(5분)
온라인 도구		• zoom 수업 대기 및 입장 → 소리 공유 → 소회의실 → 모두에게 추천 → 갤러리 보기 → 소회의실 짝 대화 2회(메인 이동 없이 짝 이동)

 교사라면 누구나 수업 시작의 동기 유발을 고민합니다. 동기 유발은 학생의 내적 학습 동기를 불러일으키는 중요한 활동이기 때문입니다. 그러나 너무 긴 시간이 소요되거나 수업의 본질적 내용과 거리가 먼 경우는 수업 시간

을 해칠 뿐입니다. 질문 수업에서의 동기 유발 자료는 바로 학생들의 질문입니다. 스스로 만드는 질문이 수업과 연관이 되고 그것을 확인하는 과정입니다. 물론 해당 수업 시간에 학생이 질문을 만들지 않는 일도 있습니다. 이런 경우에는 앞 시간에 만들어 둔 질문을 가져와서 활동을 시작하면 됩니다.

그림 까바놀이 하기

까바놀이를 활용하여 텍스트 속의 주인공들이 처한 상황, 삶의 형태를 발견할 수 있도록 합니다. 시대적 배경이나 공간적 배경에 관한 내용이 교과서 글 속에는 정확하게 언급되어 있지 않지만 그림을 살펴보면 추론할 수 있게 되어 있습니다. 짧은 3분의 까바놀이지만 학생들이 호기심을 갖고 그림 속의 주인공들을 관찰하고 질문으로 바꾸는 활동을 함으로써 글을 이해하는 데 도움을 주게 됩니다.

나: 아이가 시냇물을 보고 있습니다.

짝: 아이가 시냇물을 보고 있습니까? 옷이 낡았습니다.

나: 옷이 낡았습니까? 초가집이 있습니다.

짝: 초가집이 있습니까? 기와집도 있습니다.

나: 기와집도 있습니까? 박박머리입니다.

짝: 박박머리입니까? 고무신을 신고 있습니다.

까만놀이로 '의심' 읽기

교과 내용이 많을 경우는 2부분으로 나누거나 4부분으로 나누어서 학습활동이 이루어지도록 하는 것이 좋습니다. 〈질문 있어요〉에서 설명하였듯이 두 부분으로 나누어서 읽을 때 학습의 몰입감이 높아지고, 문맥이해, 학습 흥미도를 올릴 수 있습니다.

첫 번째 파트 ①에 대해 먼저 짝 대화 읽기로 소리 내어 읽기, 짝과 함께 질문 만들기, 배움 공책에 질문 쓰기의 3단계를 학생들이 거치게 됩니다.

이후 메인으로 돌아와서 다시 학생들을 소회의실로 이동시키는 것이 아니라 소회의실 간의 학생들을 교사가 임의로 이동시켜서 학습 외의 시간을 줄이도록 합니다. 새로운 짝이 이동하여 오면 두 번째 파트인 ②부분에 대해 짝 대화로 소리 내어 읽기, 짝과 함께 질문 만들기, 배움 공책에 질문 쓰기의 3단계를 다시 한 번 더 반복합니다.

소리 내어 읽는 시간과 학생이 상호 작용하여 질문을 만들고 작성하는 데 걸리는 기본 소요 시간을 고려하여 소회의실 시간을 설정하는 것이 좋습니다. 시간이 부족한 것도 문제가 되지만 너무 여유롭게 시간을 주는 것은 더 좋지 못합니다. 소회의실에서는 긴박감 있게 시간을 설정하는 것이 느슨해질 수 있는 온라인상에서의 학습에 도움을 줄 수 있습니다.

● 1차: 질문과 대화를 통해 일어난 일에 대하여 알 수 있다

단계	이끎 질문	zoom 온라인 수업 방법
✏️ 1차	노마에게 파란 구슬은 왜 그렇게 소중한 걸까?	• 자신이 대화하고 싶은 질문에 학습 대화 하기(8분) 　–소회의실: 짝 이동 • 교사의 이끎 질문 해결하기(4분) 　–소회의실-전체 공유 모두에게 추천
🖥️ 온라인 도구		• zoom 소회의실 → 짝 이동 2회(메인 이동 없이 짝 이동) → 소회의실 → 모두에게 추천 → 갤러리 보기

질문과 대화로 글의 흐름을 파악했다면 이 단계에서는 좀 더 내용적인 면으로 접근해 가는 과정입니다. 학생의 흥미를 끌어올리기 위해서 자신이 만든 질문으로 학습 대화를 하면서 내용을 파악해 나갑니다. 이후 교사가 이끎 질문을 제시하여 학습의 방향을 찾아가도록 도움을 줍니다. "노마는 파란 구슬이 왜 그렇게 소중했을까?"라는 질문을 통해 그 시대의 상황과 소중한 것을 잃어버렸던 자신의 경험을 연관 지어 교과서의 내용에 빠져들게 됩니다.

질문이 선정되고 학습 대화를 할 때 메인으로 복귀한 후 다시 소회의실을 배분하고 이동하면 기다리는 시간이 길어집니다. 이 경우에는 메인 복귀를 하지 않고 소회의실1, 소회의실2의 학생을 교환하여 짝 이동을 통해 이동 소요 시간을 줄여줍니다. 소회의실로 이동하기 전에 소회의실에서 학습할 내용이 무엇인지 명확하게 안내해야 합니다.

◉ 2차: 감정언어를 활용하여 노마와 기동이의 마음을 이해할 수 있다

마음을 이야기할 때 단순히 "기분이 나쁘다"라는 언어로만 사용하는 경우가 있으므로 감정 단어들을 먼저 노출하여 풍부한 언어 사용이 가능하도록 도움을 줍니다. 두 아이의 마음을 알아보기 위해 사전에 마음에 관련된 단어들을 늘어놓은 화면을 공유하여 스탬프를 찍도록 합니다. 그 과정에서 학생들이 마음에 관한 단어들을 익히게 되고, 학습 대화에 도움이 됩니다.

단계	이끎 질문	zoom 온라인 수업 방법
✍️ 2차	노마의 마음은? 기동이의 마음은?	• 두 아이의 마음 찾기(2분) -화면 공유 → 옵션 보기 → 주석 → 스탬프 → 그 마음을 찍은 이유 말하기 • 두 마음 이해하기(8분) -소회의실: 짝 이동 2회
🖥️ 온라인 도구	• zoom 화면 공유 → 옵션 보기 → 주석 → 스탬프 → 모두에게 추천 → 소회의실(메인 이동 없이 짝 이동) → 모두에게 추천 → 갤러리 보기	

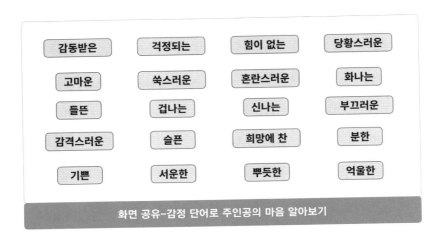

감동받은　걱정되는　힘이 없는　당황스러운

고마운　쑥스러운　혼란스러운　화나는

들뜬　겁나는　신나는　부끄러운

감격스러운　슬픈　희망에 찬　분한

기쁜　서운한　뿌듯한　억울한

화면 공유-감정 단어로 주인공의 마음 알아보기

● **3차: 논쟁을 통해 의심에 대한 의견을 말할 수 있다**

단계	이끎질문	zoom 온라인 수업 방법
📝 3차	의심하는 것은 당연하다. vs 친구를 의심하는 것은 나쁘다.	• 입장 정하기(4분) 　-이름 바꾸기: 이름 옆에 당연하다/나쁘다 　-소회의실: 배분하기 전 이름표에 　　적힌 2가지의 논쟁을 구분하여 교환 • 입장 바꾸기(4분) 　-이름 바꾸기, 짝 이동 교사 임의 배분 • 전체 의견 공유-모두에게 추천(2분)
💻 온라인 도구	• zoom 이름 바꾸기 → 소회의실 → 짝 이동 → 이름 바꾸기 → 모두에게 추천 → 갤러리 보기	

　　1:1 논쟁을 하기 위해서는 학생들이 자신의 생각이 무엇인지 정확하게 상대에게 표현하는 것이 좋습니다. 자신의 생각을 어떻게 표시하면 좋을까

180

요? 교실 수업에서는 색깔 종이로 표현할 수 있지만, 온라인상에서는 사전 준비가 되어 있지 않으면 어렵습니다. 이름 바꾸기 메뉴를 이용하여 각자 자신의 의견을 표시하면 논쟁할 때 명확하게 자신의 의견을 전달할 수 있습니다.

"참 좋은 생각입니다. 덧붙여 말하면 ~"

"참 좋은 생각입니다. 그러나 ~"

라는 말을 사용할 수 있도록 사전 지도하는 것이 좋습니다. 논쟁할 때 학생들은 자기 생각과 반대되는 의견에 감정적인 상태가 되기도 합니다. "참 좋은 생각입니다."라는 말은 상대의 말을 사전에 인정하고 시작하는 말이기 때문에 학생들의 대화를 원활하게 도와줍니다.

● 4차: 자신이라면 이러한 상황에서 어떻게 행동할지 이야기할 수 있다

단계	이끎 질문	zoom 온라인 수업 방법
✏️ 4차	나라면 어떻게 했을까?	• 소회의실(5분) • 배움 글쓰기(6분) -배움 공책 또는 패들렛에 남기기
🖥️ 온라인 도구		• zoom 소회의실 → 채팅창 패들렛 주소 공유 → 모두에게 추천

생각 나누기 활동이 세상의 정보를 친구들로부터 구하고 생각을 공유하는 과정이라면, 생각 내면화 단계는 자신의 삶으로 돌아오는 과정입니다. 배움 글쓰기의 과정으로 바로 진행할 수도 있지만 글을 쓰기 전에 각자의 생각을 입 밖으로 한 번 더 표현하고 정리할 시간을 가져 봅니다. 사전에 짝이랑

자신의 생각을 말로 표현하다 보면 글을 쓰는 데 더 도움을 줄 수 있습니다.

　zoom과 패들렛을 동시에 사용하다 보면 처음에는 창의 위치로 혼란스러워 보이기도 하지만 학생들은 금방 익숙해지고 활용을 잘합니다. 자신의 배움 공책에 글을 작성하였을 때는 사진을 찍어 패들렛에 올려서 공유하는 방법도 있습니다.

교수·학습 과정안 한눈에 살펴보기

교과 단원	국어/1. 생각과 느낌을 나누어요.	학년	4학년	교사 이름	○○○

성취 기준	[4국02-05] 읽기 경험과 느낌을 다른 사람과 나누는 태도를 지닌다. [4국01-02] 회의에서 의견을 적극적으로 교환한다.	소요 시간	
배움 주제	일어난 일에 대한 의견 말하기	60분	
핵심 질문	노마와 기동이는 어떻게 행동하는 게 좋았을까?		

평가 문항	핵심 질문	성취 수준 (채점 척도, 평가 수준, 평가 단계)			평가 시기	평가 방법
일어난 일에 대한 의견을 말할 수 있다.	노마와 기동이	◎	매우 잘함	자신이라면 이러한 상황에서 어떻게 행동할지 이야기할 수 있다.	4차	교사 평가 (공책)
			잘함	논쟁을 통해 '의심'에 대한 의견을 말할 수 있다.	3차	학생 상호 평가 관찰
		○	보통	감정 언어를 활용하여 노마와 기동이의 마음을 이해할 수 있다.	2차	학생 상호 평가 관찰
		△	노력 요함	질문과 대화를 통해 일어난 일에 대하여 알 수 있다.	1차	교사, 학생 (공책)

	배움 활동	자료 및 유의점	온라인 도구
수업자 의도	실시간 쌍방향 원격수업에서 국어 교과서를 활용한 첫 수업으로, 온라인상에서의 짝 토론에 익숙하지 않은 아이들에게 온라인상에서도 얼굴을 마주하고 학습할 수 있음을 느끼게 도와주고자 한다. 소회의실에서 짝과 둘만 있다 보면 짝 활동의 학습이 잘 안 될 수도 있으므로 좀 더 명확한 과제 제시와 확인, 피드백이 잘될 수 있도록 도와주고자 한다. 질문과 대화를 통해 텍스트에 대한 이해를 극대화할 뿐만 아니라 짝과 대화하는 방법을 안내함으로써 짝과의 대화가 더 원활히 이루어지도록 돕고자 한다.		

	배움 활동	자료 및 유의점	온라인 도구
생각 열기	◉ 48쪽 그림 까바놀이 ◉ 까만놀이를 하며 '의심' 읽기 　-교과서 46~48 두 부분으로 나누어 읽기 　-짝 대화로 소리 내어 읽기 　-짝과 대화하며 질문 만들기 ◉ 핵심 질문 제시하기 ［ 노마와 기동이는 어떻게 행동하는 것이 좋았을까? ］	15′ *까바놀이, 까만놀이 사전이해 필요 *소리 내어 읽는 시간과 질문 만드는 시간 고려하여 시간 설정	*2인 1조 소회의실 만들기 *모두에게 추천
생각 나누기	**질문교환 놀이로 내용 이해하기** (✓1차) ◉ 다양한 질문을 통해 상황 이해하기_짝 활동 • 짝과 질문 공유 및 대화하기 _까만놀이 　-짝 이동 후 짝 질문 적어 질문 확보하기 　-나의 질문과 변화된 짝 질문에 대화하기 ◉ (이끎 질문1) 파란 구슬은 왜 그렇게 소중했을까? 　-시대적 상황 이해하기	12′ *학생 개인 공책 *질문 교환 놀이 시에는 짝 대화를 통해서 질문에 대한 답을 스스로 찾아가도록 지도	*2인 1조 소회의실 짝 교환

생각 나누기	**인물의 마음 이해하기** (✓2차) ⊙ (이끎 질문2) 노마의 마음은? 기동이의 마음은? 　-짝 대화로 노마와 기동이가 처한 상황에서의 마음 상태로 현상을 이해하기 ・전체 공유-감정 단어 살펴보기 　-마음의 스탬프 찍기 　-마음을 고른 이유 말하기(짝 토론)	10′	*2인 1조 소회의실 짝 교환 *스탬프 찍기 *논쟁 명으로 이름 바꾸기
	논쟁으로 의견 말하기 (✓3차) ⊙ (이끎 질문3) 물건이 없어진 상황에서 의심하는 것은 당연하다? 나쁘다? 　-둘 중 하나의 의견을 선택하기(짝 상호 작용 피드백) ✓ 참 좋은 생각입니다. 덧붙여 말하면 ✓ 참 좋은 생각입니다. 그러나 　- 당신이 말한 ~의 의견이 ~ 이유로 생각되는데요? ・두 번의 짝 교환으로 자신의 생각 정리하기	12′ *두 번의 짝 교환으로 생각을 다변화하기 *논쟁 시 학생들의 대화가 감정이 치우치지 않도록 지도하기	*소회의실 수동배분 *소회의실 짝 교환
배움 내면화	**자신의 삶으로 다가가기** (✓4차) ⊙(이끎 질문4) 나라면 이 상황에서 어떻게 했을까? 　-자신의 경험을 비추어 보고, 자신이라면 이러한 상황에서 어떻게 행동하였을지 짝과 대화하기 ⊙ 배움 글쓰기 　-일어난 일에 대한 자신의 의견을 배움 글쓰기로 작성 ⊙ 차시 예고	5′ *이끎 질문에 대한 학습 대화를 배움 글쓰기에 작성하기 6′	*소회의실 자동배분 *패들렛 담벼락

①

어쩌다가 노마는 유리구슬 한 개를 잃어버렸습니다. 아주 이쁘게 생긴 파란 구슬인데요, 어디서 어떻게 하다 잃었는지 아무리 생각해도 모르겠습니다. 아마 토끼처럼 깡충깡충 뛰고 놀다가 흘렸나 하고 우물둔덕에도 가 보았습니다. 거기에도 없습니다. 영이하고 나뭇잎을 줍다가 흘렸나 하고 집 뒤 버드나무 밑에도 가 보았습니다. 거기에도 없습니다. 아무리 찾아도 연기처럼 아주 없어진 듯이 구슬은 간 데를 모르겠습니다.

하지만 유리구슬은 연기나 그런 것이 아니니까 아주 없어질 리는 없는데요, 이렇게 아무리 찾아도 없다는 것을 보면 아마 누가 집어서 제 것처럼 가졌나 봅니다.

그러다가 노마는 담 모퉁이에서 기동이를 만났습니다.

그리고 노마는 기동이의 아래위를 보다가 입을 열어 물었습니다.

"너, 내 구슬 봤니?"

"무슨 구슬 말야?"

"파란 유리구슬 말야."

"난 못 봤다."

그러나 노마는 그 말을 정말로 믿지 않나 봅니다. 여전히 기동이 조끼 주머니를 보고, 두 손을 보고 합니다. 그러다가 노마는 입을 열어 또 물었습니다.

"너, 구슬 가진 것 좀 보자."

"그건 봐 뭣 해."

"보면 어때."

"봐 뭣 해."

하고 기동이는 조끼 주머니를 손으로 가립니다. 정말 기동이가 그 구슬을 얻어 제 것처럼 가졌나 봅니다. 아니면 선선하게 보이지 못할 게 뭡니까.

②

노마는 더욱 의심이 났습니다. 그래서

"내가 잃어버린 구슬 네가 집었지? "

"언제 네 구슬을 내가 집었어? "

"그럼 보여주지 못할 게 뭐야? "

그제는 기동이도 하는 수 없나 봅니다. "자아." 하고 조끼 주머니에서 구슬을 꺼내 보입니다. 하나를 꺼냅니다. 둘을 꺼냅니다. 셋, 다섯도 넘습니다. 모두 똑같은 모양, 똑같은 빛깔입니다. 노마가 잃어버린, 모두 똑같은 그런 파란 유리구슬입니다.

어쩌면 그중에 노마가 잃어버린 구슬이 섞여 있을 성싶습니다. 그래서 노마는,

"너, 이 구슬 다 어디서 났니?"

"어디서 나긴 어디서 나. 다섯 개는 가게서 사고 한 개는 영이가 준 건데, 뭐."

"거짓부렁. 영이가 너한테 구슬을 왜 줘?"

"그럼 영이한테 가서 물어봐."

그래서 노마와 기동이는 영이를 찾아가기로 했습니다. 담 모퉁이를 돌아서 골목 밖으로 나갔습니다. 그리고 조그만 도랑 앞엘 왔습니다.

그런데 그 도랑물 속에 무언가 햇빛에 번쩍하는 것이 있습니다. 유리구슬 같습니다. 정말 유리구슬입니다. 바로 노마가 잃어버린 그 구슬입니다.

"네 구슬 여기다 두고, 왜 남보고 집었다고 그러는 거야."

하고, 기동이가 바로 을러메는데도 할 말이 없습니다. 그만 노마는 얼굴이 벌게지고 말았습니다.

화상수업에서도 '까바놀이'가 가능한가요?

　　까바놀이는 아주 단순한 원리로 이루어지는 질문놀이입니다. 풀이하는 문장을 그대로 받아서 묻는 문장으로 바꾸기만 하면 됩니다. 즉 풀이하는 문장을 '까'로 '바꾸는 놀이'입니다. 짝이 풀이하는 문장을 제시하면 다른 짝이 '까'로 끝나는 문장으로 바꾸어 질문합니다. '까'로 바꾸어 대답했던 친구는 새로운 풀이하는 문장을 제시하고 다른 짝은 '까'로 끝나는 문장으로 질문합니다. '다'와 '까'로 되풀이하면서 단문으로 핑퐁 하듯이 짧게 주고받는 놀이입니다. 상대가 엉터리 말을 해도 그대로 질문으로 바꾸어 주어야 합니다.

　　철수: 친구들이 웃고 있습니다.
　　영희: 친구들이 웃고 있습니까? 동화책을 읽고 있습니다.
　　철수: 동화책을 읽고 있습니까? 그림을 그리고 있습니다.
　　영희: 그림을 그리고 있습니까?

　　까바놀이는 두 명이 짝을 지어 할 수도 있지만 교사와 학생, 학생과 학생, 개인과 전체를 대상으로 진행할 수도 있습니다. 1:1 구조로 이루어진 이 놀이는 화상수업에서도 빛을 발합니다. 온라인상에서 서먹해서 자신의 생각을 꺼내기 어려울 때 학습 시작 전에 까바놀이로 부담 없이 생각을 열고 질문에 다가가게 할 수 있는 좋은 놀이입니다. 《하브루타 질문 수업에 다시 질문하다》에 까바놀이의 여러 가지 형태가 자세하게 소개되어 있습니다. 참고해 보시기 바랍니다.

영어과 실시간 화상 질문 수업의 실제

영어과 실시간 화상 원격수업을 시작하며

대한민국의 영어 교육에 대한 열정은 세상 어디와도 견줄 수 없을 겁니다. 어떤 방향으로 어떻게 지도하는 것이 정답인지 수많은 참고 도서를 보면 가슴만 답답합니다. 그러나 영어는 세상에 존재하는 많은 언어 중 하나의 외국어일 뿐입니다.

초등 영어 교육과정의 목표와 핵심 역량에서 볼 수 있듯이 영어 교과는 단순히 영어를 잘하기 위해서 어휘와 문법을 반복하고 암기하여 그것을 활용하는 기능 향상만을 목적으로 하고 있지 않습니다. 영어는 언어라는 매개를 통해 세계의 지식과 정보를 처리할 수 있는 능력과 외국 사람들과 의사소통하는 기능을 배우고 더불어 살아가는 문화를 이해하고 체험하는 교과입니다. 따라서 영어 수업을 설계할 때 다음을 고려해야 합니다.

1) 언어는 사람과 사람이 만나는 관계에서 배웁니다

첫째, 영어는 언어입니다. 언어는 말부터 배웁니다. 말은 사람과 사람이 만나서 나누는 대화를 통해서 자연스럽게 습득할 수 있습니다. 서로의 대화가 불편하고 두렵다면 말은 배울 수 없습니다. 한마디로 영어 시간에 대한 부담이 없어야 합니다.

언어 학습에 있어서 오류와 실수는 자연스러운 과정입니다. 특히 화상으로 만나면 아이들은 더 어색함을 느끼고 영어로 말하는 것을 주저합니다. 따라서 편안한 분위기에서 영어를 사용할 수 있는 수업의 분위기를 조성해야 합니다.

둘째, 언어는 혼자서 사용하는 것이 아니라 듣고 말하는 관계에서 출발하므로 서로 도와가며 함께 배워야 함을 강조합니다. 그리고 영어 기초 학습이 부진한 친구는 교사와 먼저 연습할 수 있도록 배려합니다. 원격수업에서는 소회의실에서 기초 학습 부진 친구와 교사가 따로 연습하는 것을 다른 친구들은 알지 못하기 때문에 편안하게 교사와 함께 따로 연습할 수 있습니다.

2) 다양하게 만날 수 있는 수업의 구조와 흐름을 만들어야 합니다

첫째, 언어를 사용할 기회를 다양하게 만들어야 합니다. 말은 직접 사용해야 익힐 수 있습니다. 머릿속의 영어 지식으로 영어를 말할 수 없다는 것을 많이 경험해 보았을 겁니다. 하지만 무작정 따라 하는 반복 연습은 지루합니다. 자신의 목소리로 마치 실전처럼 말을 해 보는 기회를 가지는 것이 중요합니다. zoom의 경우 소회의실 기능을 활용하여 짧은 시간 단위로 다양한 짝을 만나서 대화할 수 있습니다.

둘째, 아이들이 텍스트를 충분히 만나게 해야 합니다. 언어를 배울 때는 '텍스트와 얼마나 충분히 만나는 순간을 만들어 낼 것인가?'가 중요합니다. 초등학교 영어의 경우 텍스트를 만날 때는 모둠보다는 짝으로 만나는 것이 더 낫습니다. 이렇게 만나야 텍스트를 좀 더 깊게 자세히 만날 수 있기 때문입니다. 텍스트는 이야기로, 그림으로, 짝과의 대화로, 표현으로, 장면으로, 친구와의 공유로 그리고 교사와 함께 계속 만나야 합니다. 좋은 콘텐츠와 텍스트를 찾고, 아이들 영어 수준에 맞게 재구성하는 노력이 필요합니다.

3) 언어는 문화입니다

마지막으로 언어 속에 들어 있는 다양한 세계의 역사와 문화를 만날 수 있어야 합니다. 언어 속에는 다양한 삶이 함께 있습니다. 언어를 통해서 타인의 삶을 존중하는 시민의 자질을 배워야 합니다. 언어는 도구일 뿐이며 언어는 문화입니다.

영어 수업에 대한 철학과 고민, 그리고 수업 활동 구성은 대면 수업과 원격수업이 그리 다르지 않습니다. 그것을 실현하는 방법의 차이가 있을 뿐입니다. 언어를 사용할 다양한 기회를 제공하여 만남과 대화가 즐거운 수업, 실수가 허용되는 분위기 속에서 나의 삶을 비추고 시민의 자질을 함양할 수 있는 실시간 원격 영어 수업을 시작합니다.

성취기준 분석 및 수업자 의도

학년 단원	· 5학년 · Lesson5. I Get Up at Seven	
성취 기준	듣기	[6영01-02] 일상생활 속의 친숙한 주제에 관한 간단한 말이나 대화를 듣고 세부 정보를 파악할 수 있다.
	말하기	[6영02-06] 자신의 경험이나 계획에 대해 간단히 묻거나 답할 수 있다.
	읽기	[6영03-03] 일상 속의 친숙한 주제에 관한 쉽고 짧은 글을 읽고 세부 정보를 파악할 수 있다.
	쓰기	[6영04-01] 소리와 철자의 관계를 바탕으로 쉽고 간단한 낱말이나 어구를 듣고 쓸 수 있다.

영어과의 특성상 듣기, 말하기, 읽기, 쓰기의 성취기준은 영어의 지식과 기능 영역을 기준으로 정하고 있습니다. 정의적 영역은 언어 학습 활동에 참여하는 태도와 적극성, 협력 등을 평가할 수 있습니다.

5학년 영어과 Lesson5. I Get Up at Seven은 일과와 시간의 표현을 익히는 단원입니다. 아침에 일어나서 잠들 때까지 시간에 따라 어떤 활동들을 하는지 묻고 답하는 표현을 익히게 됩니다. 시간을 표현의 기본 숫자인 1~10은 영어로 말하기가 너무 쉽고 시시할까요? 영어 숫자는 일상에서 흔히 사용하기 때문에 아이들은 숫자가 쉽다고 합니다. 하지만 막상 수업해 보면 아이들의 오류는 숫자에서 많이 발생합니다. 이 기본 숫자를 바로 말하고 듣기가 절대 만만하지 않습니다. 자신의 전화번호를 바로 영어로 말해 보라고 하면 머뭇거리게 됩니다.

영어는 연속성이 있습니다. 본 단원의 목표어만으로 배움의 내용이 구성되는 것이 아니라 배움이 축적되어 다양한 표현을 함께 사용해야 합니다. 숫자를 자유롭게 표현하지 못한다면 본 단원의 일과 표현을 말하기 어려우므로 시간에서 사용되는 숫자의 표현을 다양하게 묻고 받아쓰고 답하는 활동으로 1~2차시 수업을 재구성하였습니다.

I Get Up at Seven 수업 설계

성취기준 확인	[6영02-06] 자신의 경험이나 계획에 대해 간단히 묻거나 답할 수 있다.

평가 목표	• 0~60까지 숫자를 말할 수 있다. • 0~60까지 숫자를 듣고 숫자로 받아 쓸 수 있다. • 영어 숫자와 한글 숫자의 차이점을 찾을 수 있다.	
핵심 질문	1차시	• 전화번호 말하기가 왜 어렵지?
	2차시	• 영어로 숫자 말하기와 한국어로 숫자 말하기의 차이점은?

원격수업 활용 도구	• 실시간 화상수업 플랫폼: zoom • zoom 소회의실, 화면 공유 • 숫자 익히기 PPT • 팝송 속의 숫자 소리 MP3 파일 • 패들렛, 영어 공책

1차시 수업 설계

1차시 평가 단계와 이끎 질문

영어 교과는 언어라는 도구를 사용하여 기능을 익혀야 하므로 성취 수준, 핵심 질문, 이끎 질문은 거의 같은 맥락으로 구성됩니다. 이끎 질문은 아이들의 수업에서 나오기도 하고 교사가 방향을 제시해 주기도 합니다. 6단원 1~2차시의 평가 단계에 따른 이끎 질문을 다음과 같이 정할 수 있습니다.

성취 수준/평가 단계			평가 시기	이끎 질문
◎	매우 잘함	• 전화번호를 영어로 듣고 말할 때 어려운 점을 말할 수 있다.	4차	• 전화번호를 듣고 말하기가 왜 쉽지 않을까?
	잘함	• 영어로 전화번호를 듣고 적지 않고 다시 말할 수 있다.	3차	• 010-3925-1184를 영어로 듣고 바로 말한다면?
○	보통	• 영어로 전화번호를 듣고 숫자로 받아 쓸 수 있다.	2차	• 010-4782-1925를 영어로 듣고 숫자로 적어서 다시 말한다면?
△	노력 요함	• 0~9까지의 숫자를 말할 수 있다.	1차	• 9~0 순서로 영어로 말한다면?

성취기준 분석 및 성취 수준(평가 기준) 설정 그리고 핵심 질문과 이끎 질문을 만드는 과정이 처음에는 어려울 수 있습니다. 따라서 단계별로 명확한 구조를 만들어 가는 것이 중요합니다. 원격 영어 수업의 1차부터 4차까지의 성취 수준과 그에 따른 이끎 질문의 구조와 과정을 함께 그려 보겠습니다.

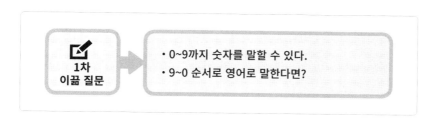

1차 단계는 최종 목적지인 전화번호 8자리를 듣고 말하기 위한 첫 시작 단계입니다. 영어에 입문한 학생이라면 누구나 쉽게 할 수 있는 '0~9까지 순서대로 영어로 말하기'를 합니다. 이 활동은 한국어로 말하는 것만큼 쉽게 입을 열 수 있게 도와줍니다.

숫자를 순서대로 말하기는 쉽지만, 전화번호와 같이 비연속적인 숫자들을 갑자기 들려주게 되면 바로 답하기가 어렵습니다. 그래서 9~0까지 숫자를 반대 방향으로 카운팅 하면서 우리의 뇌를 깨웁니다.

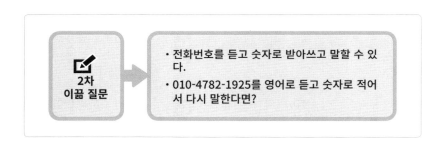

2차
이끎 질문

· 전화번호를 듣고 숫자로 받아쓰고 말할 수 있다.
· 010-4782-1925를 영어로 듣고 숫자로 적어서 다시 말한다면?

아이들은 일상에서 영어로 전화번호를 말하고 들어본 경험이 없기 때문에 3번을 불러 주어도 대답할 수 있는 아이는 거의 없습니다. 0~9까지의 단순한 숫자를 순서대로 카운팅할 때는 매우 쉽지만, 전화번호와 같이 비연속적 숫자를 말해야 하거나 상대방이 말하는 영어 전화번호를 기억하기가 쉽지 않다는 것을 아이들은 직접 경험해 보아야 합니다. 물론 1차 단계에서 2~3회 숫자 말하기 연습을 한 후이기는 하지만 긴 전화번호는 쉽지 않습니다. 이때에도 다양한 짝과 함께 시도할 기회를 많이 주는 것이 중요합니다.

자신의 공책에 전화번호를 적고 숫자를 불러 주는 활동은 말하는 친구는 숫자를 보면서 말하기 때문에 쉽지만 받아서 적어야 하는 아이들은 어렵습니다. 소그룹으로 말하기와 받아 적기를 연습한 아이들은 숫자를 바로 받아서 적는 것이 어렵다는 것을 경험하게 됩니다.

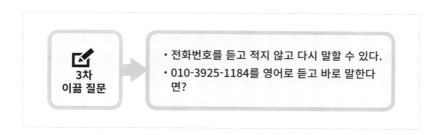

3차 이끎 질문
- 전화번호를 듣고 적지 않고 다시 말할 수 있다.
- 010-3925-1184를 영어로 듣고 바로 말한다면?

이 단계는 숫자를 공책에 쓰지 않고 전화번호를 말하고 짝은 바로 말하는 활동입니다. 7~8개의 숫자를 쓰지 않고 한꺼번에 말하기가 쉽지 않습니다. 자연스럽게 말할 수 있는 연습 구조로 소회의실을 열어 줍니다.

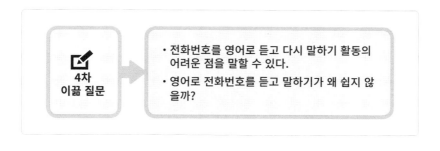

4차 이끎 질문
- 전화번호를 영어로 듣고 다시 말하기 활동의 어려운 점을 말할 수 있다.
- 영어로 전화번호를 듣고 말하기가 왜 쉽지 않을까?

자신의 전화번호가 아니라 가족이나 친구의 전화번호를 응용해서 영어 말하기를 하면 더 어렵게 느껴집니다. 단순히 0~9까지 숫자를 이용한 전화번호를 듣고 말할 뿐인데 쉽게 술술 나오지 않습니다. 0~9까지 숫자만을 이용한 전화번호 말하기가 왜 어려운지 1차, 2차, 3차 단계의 활동 경험을 통해 스스로 느끼고 그 이유를 찾을 수 있도록 돕습니다.

1차시 영어과 원격 질문 수업 흐름도

● 1차: 0~9까지 숫자를 말할 수 있다

단계	이끎 질문	zoom 온라인 수업 방법
1차	• 9~0 순서로 영어로 말한다면?	• 인사 나누기(2분) 　-대기 시간 zoom 음악 듣기: 소리 공유 • 0~9 숫자 세기, 발음 익히기(2분) 　-갤러리 보기, 모두에게 추천 • 9~0 반대 방향으로 세기, 발음 확인하기 (3분) 　-모두에게 추천
온라인 도구	• zoom 수업 대기 및 입장 → 소리 공유 → 갤러리 보기 → 모두에게 추천 → 갤러리 보기 → 소회의실 짝 대화 2회(자동 배분)	

인사 나누기

　하루의 일과는 일어나면서 시작합니다. 영어 시간의 시작은 zoom에 접속하여 대기하는 친구들을 허락하면서 시작합니다. 수업 5분 전에는 미리 대기하는 아이들이 입장할 수 있도록 합니다. 수업에 들어오는 아이들의 표정도 살피고 카메라의 상태나 밝기 등을 체크합니다. 이번 시간은 숫자 표현을 익히는 시간이라서 아이들이 입장하면 수업을 기다리는 동안 뮤지컬 〈Rent〉의 'Seasons of Love'라는 노래를 준비하였습니다. 일 년은 525,600(five hundred twenty five thousand six hundred)분입니다. 숫자가 계속 반복되기도 하고, 우리 모두에게 소중한 일 년의 시간 동안 어떤 일 상을 보내야 하는가를 생각하게 하는 노래라서 숫자와 일과를 배우는 단원 에서 주로 사용합니다. 한국어로 부르는 동영상도 유튜브에 있어서 단원이 진행되는 동안 영어 버전과 한국어 버전을 번갈아 공유합니다. 노래를 들으 면서 흥얼거리는 친구, 어깨를 들썩이는 친구, 리듬에 맞춰 몸을 흔드는 친구, 호기심 있는 얼굴로 화면을 보고 있는 친구, 무표정하게 앉아 있는 친구들을 살펴볼 수 있습니다.

수업이 시작되면 전체 갤러리 화면에서 간단한 인사를 나눕니다.

"How's going?"

"Good, excellent, bad, so so, tired, great…"

아이들의 대답은 다양합니다. 대기시간 동안 살펴보면서 힘들어 보였던 친구나 오늘의 감정을 "bad."라고 대답하는 친구들에게는 공부하는 데 불편 함이 없는지 물어보기도 하고 기분이 좋다고 대답하는 아이들에게는 무슨 일이 있었는지 함께 공유해 보기도 합니다. 친구의 일상도 함께 배우게 될 본 단원의 표현입니다.

0~9 숫자 세기, 발음 익히기

0~9까지 숫자를 배우겠다고 하고 교사의 얼굴을 모두에게 추천으로 설 정하여 중앙에 오도록 합니다. 그리고 천천히 숫자의 발음을 짚어 가면서 공 부를 합니다. 아이들은 화면 중앙에 있는 선생님을 보면서 너무 쉽다는 표정 으로 곧잘 따라 합니다. 한국어에 없는 'f, v, th' 발음은 좀 더 강조하여 익 힙니다.

9~0까지 반대 방향 숫자 세기

숫자를 거꾸로 세어 보자고 하면 아이들이 조금 헷갈리면서 즐겁게 카운트합니다. 아이들 얼굴로 모두에게 추천을 바꾸어서 중앙에 오는 친구가 숫자를 말하게 합니다. 아이들은 자신의 얼굴이 중앙에 오는 것을 부끄러워하기도 하지만 간단한 숫자는 잘 말합니다.

짝과 0~9, 9~0 번갈아 말하기

소회의실 기능을 이용하여 1분 동안 짝과 번갈아 가면서 '0~9, 9~0'의 카운팅을 연습합니다. 1분은 짧아서 소회의실이 닫히면 아직 못했다는 아이들이 있지만 괜찮습니다. 짝을 바꾸어 다시 1분 동안 숫자를 번갈아 말해 봅니다. 생각 열기에서 우리는 벌써 0~9까지 숫자를 4번 이상 듣고 말하기를 하였습니다.

● 2차: 전화번호를 듣고 숫자로 받아쓰고 말할 수 있다

2차 단계는 본격적인 수업의 핵심 질문을 수행하는 첫 단계입니다. 학생들이 성취하여야 할 목표가 구체적으로 실현되는 단계입니다. 따라서 다양한 배움의 구조를 촘촘하게 구성하여 아이들이 적극적으로 듣고 말하고 적어 볼 수 있는 활동으로 구성합니다.

단계	이끎 질문	zoom 온라인 수업 방법
📝 2차		• 불러 주는 전화번호 숫자로 받아쓰기 (5분) -PPT 화면 공유

단계	이끎 질문	zoom 온라인 수업 방법
✏️ 2차	010-4782-1925를 영어로 듣고 숫자 로 적어서 다시 말한다면?	• 전화번호 공책에 적고 말하기, 받아쓰기(5분) -소회의실(3~4명, 자동 배분)
💻 온라인 도구	• zoom PPT 화면 공유 → 소회의실	

　단순한 숫자 0~9까지 연습을 그냥 따라서 반복하면 지겨워서 아이들은 할 수 없습니다. 하지만 실생활에서 사용하는 전화번호로 친구들을 만나면서 대화를 하면 아이들이 즐겁게 참여하는 모습을 볼 수 있습니다.

불러 주는 전화번호 숫자로 받아쓰기

　PPT 화면 공유를 통해서 숫자 '0'은 'zero' 또는 'O〔oʊ〕'로 발음하는 것을 간단히 배웁니다. 그리고 선생님이 불러 주는 전화번호를 공책에 숫자로 적어 보라고 합니다. 3번을 불러 주는데 첫 번째는 조금 천천히 불러 주고 나머지 2번은 보통의 빠르기로 불러 줍니다. 3문제를 받아 적습니다. 받아 적은 공책을 카메라에 보여 달라고 해서 학생들이 답을 적었는지 확인합니다. 다 맞은 학생도 있지만 대부분의 학생들은 선생님이 빨리 불러서 못 적었다고 하기도 합니다. 학생들은 0~9까지 숫자가 쉬운 것 같은데 막상 받아 적어 보려니까 8개 연속으로 나오는 숫자를 기억해가면서 받아 적기가 어렵다는 것을 경험합니다.

전화번호 공책에 적고 말하기, 받아쓰기

선생님과 했던 전화번호 받아쓰기 활동을 이번에는 친구들과 직접 해 봅니다. 먼저 각자의 공책에 하나의 전화번호를 적습니다. 음소거 상태에서 자신의 전화번호를 천천히 읽어 보는 연습을 각자가 2~3번 해 봅니다. 소회의실을 이번에는 3~4명으로 구성하여 자동 배분합니다. 영어로 말하기 어려워하는 친구가 있으면 2명일 때는 활동이 잘되지 않기 때문입니다. 이 활동은 교사의 그룹별 지도 시간도 필요합니다. 소그룹 방이 너무 많으면 교사가 다 방문해 볼 수가 없어서 3~4명의 아이로 소회의실을 열었습니다. 3~4명 중 1명이 먼저 시작하면 나머지 친구들은 조금은 편안하게 순서를 정해서 말해 볼 수 있습니다.

소회의실을 교사가 방문해 보면 누가 먼저 할지 순서를 정하는데 3분 이상을 쓰고, 마음이 맞지 않아서 활동을 시작도 못 하고 가만히 앉아서 말도 없이 서로 바라만 보고 있는 아이들도 있습니다. 그럴 경우를 대비해서 먼저 발표할 친구가 아무도 없으면 번호가 제일 먼저인 아이 또는 반대의 방향으로 발표 시작하기를 약속하고 소회의실을 엽니다.

각 소회의실에 방문하여 교사가 살필 수 있는 것은 도와주기도 하고, 교사도 받아쓰기 한 번 정도는 같이 하면서 아이들의 활동을 피드백해 줍니다. 5분의 시간이 생각보다 짧습니다. 소회의실이 닫히면 OO 친구가 너무 천천히 불러서 다 못했다는 아이, 너무 빨리 불러서 못 적었다는 아이 등 여러 의견을 듣게 됩니다. 그래도 1~2개만 적었어도 잘했다고 칭찬해 줍니다.

◉ 3차: 전화번호를 듣고 적지 않고 다시 말할 수 있다

단계	이끎 질문	zoom 온라인 수업 방법
📝 3차	010-3925-1184를 영어로 듣고 바로 말한다면?	• 전화번호를 적지 않고 말하기, 받아쓰기(5분) –소회의실(3~4명, 자동 배분) • 010-3925-1184 듣고 바로 말하기(5분) –소회의실(3~4명, 자동 배분)
💻 온라인 도구	• zoom 소회의실 3~4명 → 갤러리 화면, 모두에게 추천	

전화번호를 쓰지 않고 말하기

이번에는 조금 더 어려운 활동을 하겠다고 안내하고 전화번호 하나를 떠올려 보라고 합니다. 그리고 그 번호를 말해 보라고 합니다. 아이들은 연필을 들고 공책에 숫자를 적으려 합니다. 공책에 숫자를 적으면 안 된다고 안내합니다.

전화번호를 불러 주는 친구는 숫자를 적지 않고 화면 속의 친구들을 보면서 말해야 합니다. 조금 전에 적었던 전화번호를 말하면 안 되고 새 번호를 사용해야 한다고 알려 줍니다.

그리고 다른 친구들을 만날 수 있도록 소회의실 '다시 만들기' 기능을 사용하여 3~4명 친구가 활동을 할 수 있도록 소회의실을 엽니다. 소회의실을 방문해 보면 아이들은 숫자 하나하나를 기억해 가면서 불러 준다고 천천히 말하고 있는 것을 볼 수 있습니다. 그러다 첫 번째 불러 주는 숫자와 두 번째 불러 주는 숫자가 바뀌기도 합니다. 당황스럽지만 실제로 그런 현상이 자주 일어납니다. 아이들은 숫자를 적지 않고 바로 말하기가 어렵다는 것을 직접 경험하며 친구들과 함께 체험해 봅니다.

역시 5분은 짧습니다. 이번에는 기억해 가면서 숫자를 말해야 하므로 활동을 다 하지 못했다는 친구들이 많습니다. 괜찮습니다. 벌써 우리는 0~9까지 단순한 숫자를 12번 이상을 들었고 말해 보았습니다.

전화번호 듣고 바로 말하기

이번 활동에서는 전화번호를 적지 않고 말하면서 동시에 다른 친구들도 적지 않고 방금 들었던 전화번호를 영어로 말해야 한다고 약속합니다. 선생님이 먼저 전화번호를 3번 불러 주고 즉석에서 적지 않고 말해 보라고 합니다.

즉석에서 말할 수 있는 친구가 없는 반도 있고, 1명 정도 말할 수 있는 아이가 있기도 합니다. 다시 선생님이 똑같은 전화번호를 한국어로 불러 줍니다. 1번 만에 거의 모든 아이가 한국어 숫자는 말할 수 있습니다. 소회의실 '다시 만들기' 기능을 사용하여 3~4명 친구가 전화번호 한 개를 즉석에서 불러 주고 적지 않고 말하기 활동을 해 봅니다. 쉽지 않은 도전입니다. 아이들은 지금 '단순히 숫자 0~9도 빨리 말하고 또 듣기가 쉽지 않구나.' 하는 것을 직접 경험하고 있습니다.

단계	이끔 질문	zoom 온라인 수업 방법
4차	• 영어로 전화번호 듣고 말하기가 왜어렵지?	• 전화번호 영어로 말하기 왜 어렵지? (5분) –소회의실 • 배움 나누기, 되돌아보기(5분) –화이트보드 공유
온라인 도구	• zoom 소회의실 짝 대화 → 화이트보드 공유	

전화번호 영어로 듣고 말하기 왜 어렵지?

이번 차시에 아이들은 거의 15번 이상을 숫자 0~9까지 듣고 말하기 연습을 하였습니다. 그 경험을 나누어 봅니다. 말로만 나누라고 하면 아이들은 그냥 앉아 있기도 합니다. 그래서 친구들과 이야기를 나누면서 각자의 의견을 3개 이상씩 꼭 영어 공책에 적어 놓아야 한다고 약속하고 소회의실 방을 다시 만들어 엽니다.

"왜 영어로 전화번호를 듣고 말하기가 어렵지?", "발음이 달라서 어려워요. 숫자를 말하는 방법이 달라요. 빨리 말하니까 어려워요. 한국어로 자꾸 생각해요." 등의 의견을 나누면서 자신의 의견을 적고 있는 아이들을 볼 수 있습니다.

배움 나누기, 되돌아보기

전체화면 갤러리 보기 활동으로 돌아와서 각자가 적은 3개의 이유를 카메라에 가까이 보여 달라고 합니다. 아이들이 적은 글자를 직접 보고 교사가 몇 개는 읽어 줄 수 있습니다. 모든 아이가 자기의 배움으로 가져가기 위해서는 배움을 적어 보는 활동이 중요하기 때문에 교사가 꼭 확인해 보는 것이 좋습니다. 이제 화이트보드 공유를 통해서 전화번호 듣고 말하기가 왜 어려운지 주석 달기를 해 봅니다. 아이들이 zoom으로 하는 두 번째 시간이라서 '주석 달기'를 어려워합니다. 태블릿과 핸드폰은 주석 달기 기능이 없어서 주석을 달지 못하는 아이, 또 컴퓨터로 키보드로 글자를 쓰는 활동이 어려운 아이, 주석 달기 메뉴를 찾지 못하는 아이들로 화이트보드 공유 활동은 교사의 예상처럼 진행되지 못할 수 있습니다. 다음 시간에 다른 프로그램으로 공유하겠다고 안내합니다.

'가족 또는 친척과 오늘 활동해 보기'가 오늘 과제입니다. 일상 속에서 다른 가족은 전화번호 영어 말하기를 잘할지, 적지 않고 바로 말할 수 있을지, 아이들은 궁금합니다. 사실 대학을 졸업한 부모님도 영어를 늘 사용하지 않는다면 전화번호를 영어로 듣고 말하기 어렵습니다. 다음 시간을 안내하고 수업을 종료합니다.

2차시 수업 설계

2차시 평가 단계와 이끎 질문

2차시 평가 단계별 이끎 질문

	성취 수준/평가 기준		평가 시기	이끎 질문
◎	매우 잘함	• 영어 숫자와 한글 숫자의 차이점을 찾을 수 있다.	4차	• 영어로 숫자 말하는 것은 왜 어렵지?
	잘함	• 덧셈과 뺄셈의 값을 영어로 말할 수 있다.	3차	• '5+6'의 값을 영어로 말하면?
○	보통	• 구구단을 영어로 말할 수 있다.	2차	• 7단을 영어로 말하면?
△	노력 요함	• 11~60까지 숫자를 말할 수 있다.	1차	• 11, 12, 13, 20, 30, 60을 영어로 말한다면?

1차 이끎 질문

→ • 11~60까지 숫자를 말할 수 있다.
• 11, 12, 13, 20, 30, 60을 영어로 말한다면?

숫자를 순서대로 말하는 것은 아이들은 쉽다고 생각하고 또 많이 지루해합니다. 우리나라의 11(십일)은 영어에서 'eleven'입니다. 한글 식으로 생각하면 '십일(ten one)'이 되어야 하는데 영어는 새로운 어휘로 말합니다. 'eleven, twelve', 'twelve(ten two), twenty(two ten)'를 많이 어려워합니다. 그리고 13~19까지 숫자를 세는 방법과 20~60까지 십의 단위를 세는 방법이 한국어랑 다릅니다. 0~60까지 숫자를 한국어처럼 사용하기가 어렵다는 것을 교사와 짝과 모둠과 함께 경험해 볼 수 있습니다.

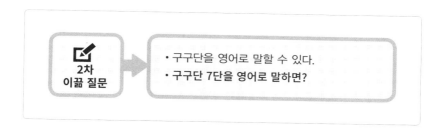

2×4＝8 숫자를 바로 말하기는 쉽습니다. 하지만 배수를 영어로 말하는 것은 또 다른 경험입니다. 2배수의 경우는 쉬운 것 같지만 배수가 올라갈수록 어려워지고 숫자 값도 커지게 됩니다. 그러면서 자연스럽게 영어 숫자 개념을 형성할 수 있습니다.

5학년 아이들에게 '5+7, 53-15'와 같은 문제를 풀라고 하면 코웃음을 칩니다. 그런데 이 문제를 영어로 내면 아이들은 머릿속은 복잡해집니다. 먼저 들은 영어를 숫자로 공책에 쓰고 문제를 푼 다음 그 숫자를 다시 영어로 말합니다. 숫자를 공책에 쓰지 않고 암산으로 해 보라고 하면 아이들은 머릿속으로 한국어로 숫자를 바꾸어 문제를 풀고 다시 영어로 말하는 과정을 거치기 때문에 정답을 말하는 데 시간이 걸립니다. 그 과정에서 실수하는 친구들은 제대로 대답하지 못합니다. 숫자를 원어민처럼 바로 영어로 생각한다는 것이 어렵다는 것을 경험해 볼 수 있습니다.

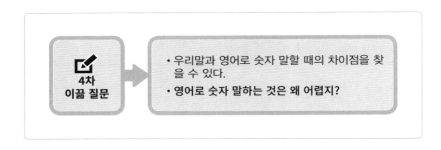

4차
이끎 질문

• 우리말과 영어로 숫자 말할 때의 차이점을 찾을 수 있다.
• 영어로 숫자 말하는 것은 왜 어렵지?

아이들은 영어 숫자와 한글 숫자의 차이점을 같이 찾아보고 나누어 보는 활동을 통해서 각 나라의 문화와 역사가 다름을 이해하게 됩니다. 그 나라 사람처럼 생각하고 숫자를 말하는 것이 어렵다는 것을 스스로 찾고 내면화할 수 있습니다. 언어는 문화임을 인식하는 단계입니다.

2차시 영어과 원격 질문 수업 흐름도

● **1차: 11~60까지 숫자를 말할 수 있다**

단계	이끔 질문	zoom 온라인 수업 방법
1차	11, 12, 13, 20, 30, 60을 영어로 말한다면?	• 인사 나누기, 과제 확인(1분) 　－대기 시간 zoom 소리 공유, 모두에게 추천 • 팝송 듣고 숫자 받아쓰기(3분) 　－소리 공유 • 0~60 숫자 발음과 함께 익히기(5분) 　－PPT 화면 공유, 모두에게 추천 • 짝과 0~60 숫자 10개 번갈아 가면서 말해 보기(7분) 　－소회의실(짝 이동 3회), 모두에게 추천
온라인 도구	• zoom 수업 대기 및 입장 → 소리 공유 → 갤러리 보기 → PPT → 갤러리 보기 → 소회의실 짝 대화 3회(자동 배분)	

인사와 과제 나누기

아이들이 입장하는 동안 지난 시간 들었던 뮤지컬 〈Rent〉의 'Seasons of Love'라는 노래를 준비하였습니다. 입장하는 아이들도 살핍니다. 수업 시간이 시작되면 아이들에게 전화번호 묻고 답하기 과제에 관해서 이야기를 나누어 봅니다. "우리 엄마, 아빠도 전화번호 영어로 빨리 잘 말 못해요." 등의 이야기들로 경험을 함께합니다.

팝송 받아쓰기

전화번호, 숫자, 일과의 표현이 들어 있는 팝송 중에서 표현이 들어 있는 부분만을 3번 반복해서 들려주고 받아쓰는 활동을 해 보았습니다. 단순한 숫자인데도 어렵습니다. It's Monday morning 5:19의 숫자 받아 적기에서 'five, ninteen'은 받아 적기도 어려웠지만, 이 표현이 4학년 때 배운 5시 19분이라는 것을 아는 아이도 없었습니다. 실생활 영어와 팝송의 영어는 발음과 속도 때문에 더욱 어렵게 느껴집니다.

0~60 숫자 익히기

PPT 공유창을 통해서 먼저 11~20까지의 숫자를 영어식과 한국어식으로 표현하는 방법을 알아봅니다. '11(eleven, ten one), 12(twelve, ten two), 13(thirteen, ten three), 14(fourteen, ten four), 15(fifteen, ten five)…' 아이들이 어려워하는 발음과 개념을 같이 이야기 나누며 읽어 봅니다. 4학년 때 배웠던 표현이라서 가볍게 확인만 합니다. '20~60'까지의 숫자 몇 개를 영어 표현과 한국식 표현을 비교하며 이야기해 봅니다. '21(twenty one, two ten one), 35(thirty five, three ten five), 50(fifty, five ten)…', 'five'가 15와 50에는 'fif'로 바뀌면서 발음이 달라지는 것도 다시 짚어 줍니다. 모두에게 추천을 통해서 선생님이 카메라에 보여 주는 숫자를 영어로 말해 보기 연습을 합니다. 틀려도 괜찮습니다. 친구들이 틀리는 것을 함께 경험하면서 배우는 시간입니다.

짝과 숫자 이어 말하기

짝 대화 소회의실을 엽니다. 이 활동은 아이들이 1번 친구가 0~60까지 숫자 중에서 한 숫자를 말하면 다음부터는 이어 가면서 다음 숫자를 말해 보는 활동입니다. 주고받으면서 10개까지 말하고 나면 다음은 2번 친구가 숫자를 시작합니다. 60이 되면 다시 0부터 시작합니다. 짝이 틀리면 어떡하냐고 물어봅니다. 어떻게 할까요? 숫자를 가르쳐 주고 같이 말해도 됩니다. 지금은 함께 배우는 시간입니다. 짝이 계속 바뀌기 때문에 다양한 짝과 숫자를 연습해 볼 수 있습니다.

● 2차: 구구단을 영어로 말할 수 있다

단계	이끎 질문	zoom 온라인 수업 방법
📝 2차	7단을 영어로 말하면?	• 구구단을 외우자(6분) －소회의실(4~5명, 자동 배분)
💻 온라인 도구		• 소회의실 4~5명

구구단을 외우자

다음 숫자를 바로 말하기는 쉽습니다. 하지만 배수로 말하는 것은 또 다른 경험입니다. 2배수의 경우는 쉬운 것 같지만 배수가 올라갈수록 아이들의 머릿속은 복잡해집니다. 아이들은 구구단을 한글로 생각하면서 영어로 말하기 때문에 빨리 말하기가 어렵습니다. 이번에는 소회의실을 4~5명 한 그룹으로 만듭니다. 다양한 친구들이 말하는 것을 들으면서 배울 기회가 됩니다.

틀리면 어떻게 하냐고 또 묻습니다. 어떻게 할까요? 서로 가르쳐 주면서 합니다. 영어는 틀리고 실수하면서 배우는 과목입니다. 교사는 각 소회의실을 방문하여 잠시라도 같이 게임에 참여하기도 하고 친구들을 살펴볼 수 있습니다.

● 3차: 덧셈과 뺄셈의 값을 영어로 말할 수 있다

단계	이끎 질문	zoom 온라인 수업 방법
📝 3차	'5+6' 값을 영어로 말하면?	• 덧셈, 뺄셈 계산하여 숫자 말하기(6분) 　-소회의실(2~3명, 자동 및 수동 배분) • 곱하기 나누기로 숫자 말하기 도전(4분) 　-전체 공유, 모두에게 추천
💻 온라인 도구		• zoom 갤러리 보기 → 소회의실 2~3명 대화 2회(자동 및 수동 배분) → 전체 갤러리 보기, 모두에게 추천

덧셈 뺄셈 계산하여 숫자 말하기

'5+6' 정답은? 'eleven'이 빨리 나오지 않습니다. 한 명의 아이들이 3문제씩 60까지의 숫자를 이용해서 덧셈과 뺄셈의 문제를 만들면 소회의실 활동을 시작합니다. 이번에는 2~3명 소그룹 활동으로 시작합니다. 자동 배분하여 2번의 소회의실에서 다른 친구들과 연습하게 합니다. 아이들은 같은 문제를 내도 되냐고 물어봅니다. 같은 문제도 괜찮고 문제를 바꾸어도 괜찮습니다. 영어를 어려워하는 아이는 수동 배분하여 교사와 함께 연습할 수 있는 시간을 만들어 줍니다. 빨리 끝난 소회의실이 있을 수 있으니 1개의 도전 과제를 줍니다. 움직이면서 답을 말하게 합니다. 손뼉을 치거나 고개를 까딱거리는 등 짝과 규칙을 정해서 몸을 움직이면서 덧셈과 뺄셈을 해 봅니다. 몸을 움직이게 되면 숫자를 영어로 말하는 것이 더 어려워지는 경험도 해 봅니다.

곱셈과 나눗셈 도전!

선생님이 카메라에 제시하는 곱셈과 나눗셈의 문제를 공책에 적지 않고 바로 영어로 말하기 도전입니다. 교사는 미리 스케치북에 곱셈 나눗셈 문제를 준비해 두어야 합니다. 정답을 말할 수 있는 친구는 카메라 가까이에 손바닥을 보여줍니다. 모두에게 추천으로 친구의 대답을 들어 봅니다. 교사만 문제를 내면 재미가 없겠죠? 아이들도 각각 한 개의 문제를 만들게 해서 희망하는 아이를 선택해 모두에게 추천으로 화면을 바꾸어 줍니다. 친구의 문제를 화면에 비추어서 같이 문제를 풀어 볼 수 있습니다.

◉ 4차: 우리말과 영어로 숫자 말할 때의 차이점을 찾을 수 있다

단계	이끎 질문	zoom 온라인 수업 방법
📝 4차	영어로 숫자 말하는 건 왜 어렵지?	• 영어로 숫자 말하기 왜 어렵지?(4분) 　-소회의실 • 배움 나누기, 되돌아보기(4분) 　-화면 공유, 패들렛

온라인 도구

- zoom 갤러리 보기 → 소회의실 5~6 대화 1회 패들렛 공유 → 전체 갤러리 보기 → 수업 종료

영어로 숫자 말하기가 왜 어려운지, 한국어로 숫자를 말할 때와의 차이점

이야기 나누기

2시간 동안 경험했던 숫자 말하기 활동을 되돌아봅니다. 어떤 활동이 재미있었는지 어떤 방법으로 숫자를 말할 때 제일 어려웠는지 이야기를 먼저 나누어 봅니다. 전화번호를 영어로 말하기 어려웠다는 아이, 전화번호 활동이 재미있었다는 아이, 팝송이 좋았다고 그 팝송을 배우고 싶다는 아이, 여러 이야기를 만날 수 있습니다. 이제 소회의실에서 지난 시간에 생각했던 영어로 숫자 말하기가 왜 어려운지 영어 숫자와 한글 숫자의 차이점은 어떤 게 있을지 친구들과 이야기를 나누어 봅니다. 친구들과 이야기를 나누면서 각자의 의견을 3개 이상씩 꼭 영어 공책에 적어 놓아야 한다고 약속하고 소회의실을 엽니다. 친구들의 의견을 듣고 나의 의견도 말하면서 내 생각을 정리해서 적는 활동이 중요합니다. 각 회의방에서 친구들과 의견을 나누면서 자신의 의견을 적고 있는 아이들을 볼 수 있습니다.

수업 되돌아보기

채팅방에 교사가 미리 만들어 놓은 패들렛의 링크를 공유합니다. 각각의 아이는 링크로 들어가 자신이 공책에 적어 놓았던 의견을 종합해서 패들렛에 기록합니다. zoom 화면은 교사가 패들렛 화면을 공유하면 아이들이 실

시간으로 올라오는 친구들의 의견을 볼 수 있습니다. 서로 '좋아요(♥)'도 남겨 주면서 의견을 공유합니다.

원래 쓰던 말이 아니라서 어색하고 발음이 다르기도 하기 때문이다. ♥ 8	영어 숫자를 일상에서 잘 쓰지 않기 때문인 것 같다 ♥ 4	영어로 말하는 숫자와 한글로 말하는 숫자가 다르기 때문에 더 이해하려고 노력해야 겠다. ♥11
영어와 한글이 발음이 다르고 철자가 다르니 어려운 것 같다.친구들 얼굴을 보니 좋고, 친구들과 이야기를 나누니 아주 재미있다. 너무 재밌다. ♥ 8	영어가 팝송 노랫속에 들어있다 보니 이해하기 어렵고 힘들었고 어떨 땐 '영어를 왜 해야 하지?'라는 생각이 있었는데 하다 보니 나름대로 흥미를 느꼈다. ♥ 8	단위가 다르고 영어숫자를 말하는데 적응하기 걸렸다. 근데 적응하기만 하면 영어단위가 한국보다 더 쉬울 것 같다. (큰 단위에서 보면 영어로 쓰는게 쉽습니다.) ♥ 9
영어가 싫어하기 때문에 말하기 힘들다 ♥ 10	우리나라 말과 영어는 읽는 방법이 달라서 그런 것 같다. 영어수업 재미있었어요~ ♥ 10	숫자 단위가 다르기 때문인 것 같습니다. 솔직히 소회의실에서 선생님 없으니까 어색해서 말을 못하겠습니다 ♥ 7

줌으로 2시간 동안 숫자 공부를 하면서 아이들의 마음도 엿보고 숫자에 대한 아이들의 생각도 들어볼 수 있습니다. 숫자는 각 나라의 문화와 역사 속 아주 중요한 삶의 요소입니다. 그 문화 속에 살지 않는다면 그 나라 사

람처럼 숫자를 말하는 것이 사실 어렵습니다. 언어를 배운다는 것이 단순히 1~60까지를 숫자를 셀 수 있는 것뿐만 아니라 그 안에 들어 있는 다양한 문화를 함께 배우는 것임을 아이들이 느끼는 수업이면 좋겠습니다.

교수 · 학습 과정안 한눈에 살펴보기

교과 단원	5. I Get Up at Seven			학년	5학년	교사 이름	○○○
성취 기준	[6영02-06] 자신의 경험이나 계획에 대해 간단히 묻거나 답할 수 있다.					소요 시간	
배움 주제	전화번호 영어로 듣고 말하기					40분	
핵심 질문	전화번호를 영어로 말하기가 왜 어렵지?						

평가 문항	핵심 질문	성취 수준 (채점 척도, 평가 수준, 평가 단계)			평가 시기	평가 방법
전화 번호를 영어로 듣고 말할 수 있다.	전화 번호를 영어로 말하기가 왜 어렵지?	◎	매우 잘함	전화번호를 영어로 듣고 말하기가 어려운 점을 말할 수 있다.	4차	교사 평가 (공책)
			잘함	전화번호를 듣고 적지 않고 다시 말할 수 있다.	3차	학생 상호 평가 관찰
		○	보통	전화번호를 듣고 숫자로 받아 쓸 수 있다.	2차	학생 상호 (공책)
		△	노력 요함	0~9의 숫자를 말할 수 있다	1차	교사, 학생 평가 관찰

| | 수업자 의도 | 0~9까지의 영어 숫자는 일상에서 흔히 사용하기 때문에 아이들은 숫자가 쉽다고 합니다. 하지만 전화번호를 영어로 듣고 말하기가 쉽지 않습니다. 숫자는 각 나라의 문화와 역사 속 아주 중요한 삶의 요소입니다. 그 문화 속에 살지 않는다면 그 나라 사람처럼 숫자를 말한다는 것이 사실은 어렵습니다. 언어를 배운다는 것은 다양한 문화를 이해하는 것에서 출발하는 것을 느끼는 수업이 되고자 합니다. |

	배움 활동	자료 및 유의점	온라인 도구
생각 열기	⊙ 인사 나누기 **숫자 세기** (✓1차) ⊙ (이끎 질문1) 9~0 순서로 영어로 말한다면? • 0~9 숫자 세기, 발음 익히기 • 9~0 반대 방향으로 세기, 발음 확인하기 ⊙ 핵심 질문 제시하기 전화번호를 영어로 말하기가 왜 어렵지?	7′ *대기 시간 zoom 음악 듣기: 소리 공유 *영어 숫자를 반대로 셀 때의 다른 점을 체험할 수 있도록 한다.	*2인 1조 소회의실 만들기 *모두에게 추천
표현 연습 하기	**전화번호 묻고 답하기-1** (✓2차) ⊙ (이끎 질문2) 010-4782-1925를 영어로 듣고 숫자로 적어 다시 말해 본다면? • 교사가 불러 주는 전화번호 받아쓰기 • 전화번호 숫자를 공책에 적고 말하기, 받아쓰기 －(3~4명 소회의실 자동 배분)	10′ *학생 개인 공책	*PPT 화면 공유 *소회의실 수동 배분

221

	배움 활동	자료 및 유의점	온라인 도구
표현 연습하기	**전화번호 묻고 답하기-2** (✓3차) ⊙ **(이끎 질문3) 010–3925–1184를 영어로 듣고 바로 말한다면?** • 전화번호를 쓰지 않고 말하기, 받아쓰기 → 010–3925–1184 듣고 바로 말하기 – (3~4명 소회의실 자동 배분 2회)	10′ * 전화번호를 공책에 적고 말할 때와 바로 말할 때의 차이점을 느끼도록 한다.	
배움 내면화	**언어의 이해** (✓4차) ⊙ **(이끎 질문4) 전화번호 듣고 말하기가 왜 어렵지?** • 전화번호 영어로 말하기 왜 어렵지? (소회의실) • 전체 생각 나누기, 되돌아보기, 배움 글쓰기 –화이트보드 공유, 배움 공책 정리하기 ⊙ 차시 예고	13′ * 스스로의 배움으로 영어와 한글로 숫자를 말할 때 차이점을 정리하도록 한다.	*소회의실 *화이트보드 공유

블랜디드 러닝 설계의 실제

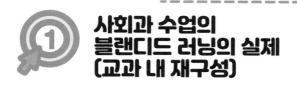

사회과 수업의 블랜디드 러닝의 실제 (교과 내 재구성)

역사 수업을 설계하기에 앞서

교육과정이 개정되면서 초등학교 사회과 역사 수업은 5학년 2학기에 이루어집니다. 너무도 긴 시간의 이야기를 짧은 수업 시간에 살펴보는 안타까운 우리의 역사 수업입니다. 하지만 그 시간을 어떻게 알차게 보내는가에 따라 아이들의 배움의 깊이가 달라질 겁니다. 안 그래도 많은 분량의 역사 수업인데 등교수업보다 원격수업이 많아졌기에 시수 감축에 따라 재구성이 꼭 필요합니다.

초등학교 역사 수업을 재구성하기에 앞서 생각해 보아야 할 것이 있습니다. 모든 역사를 시대 순으로 다 가르쳐야겠다는 마음을 버려야 합니다. 게다가 2020학년도 교육과정은 수업 일수 조정으로 한 학기 사회 수업이 총

50시간 내외입니다. 이 짧은 시간에 고조선부터 대한제국까지 5천 년의 역사를 살펴보아야 합니다. 역사 수업이 단지 초등학교에서만 배우고 끝이 나는 것은 아닙니다. 또한 역사를 교과 수업 시간에만 배우는 것도 아닙니다. 우리 일상에서, 타 교과에서도 역사를 만나며 배우고 있습니다. 그러니 모든 것을 다 가르치려는 욕심으로 학습지를 배부하거나 무조건 외우게 하는 것보다 다양한 역사적 인물이나 사건에서 의미를 배울 수 있도록 학습의 방향을 설정하는 것이 좋습니다. 학생들이 배우고 싶은 것을 선택하게 하고, 그것을 공유할 수 있도록 학습 형태를 구조화할 필요가 있습니다.

교과 전체 재구성을 위한 성취기준 분석하기

1) 개요 짜기

역사 수업 재구성을 위해서 교사가 제일 먼저 해야 할 일은 무엇일까요? 제일 먼저 교과서를 읽어야 할까요? 물론 교과서를 훑어보는 일도 아주 중요합니다. 그러나 그 무엇보다 우선되어야 할 일은 교육과정 성취기준을 분석하는 일입니다. 성취기준 속의 학습 요소들을 파악하고, 학습 주제가 무엇인지를 확인하는 과정에서 전체적인 맥락이 만들어집니다. 그 후에 어떤 수업 형태로 구성할지를 결정합니다.

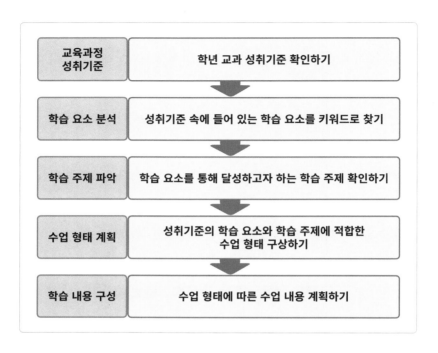

교육과정 성취기준	학년 교과 성취기준 확인하기
학습 요소 분석	성취기준 속에 들어 있는 학습 요소를 키워드로 찾기
학습 주제 파악	학습 요소를 통해 달성하고자 하는 학습 주제 확인하기
수업 형태 계획	성취기준의 학습 요소와 학습 주제에 적합한 수업 형태 구상하기
학습 내용 구성	수업 형태에 따른 수업 내용 계획하기

2015 개정 교육과정의 역사와 관련된 성취기준은 12개로 다음과 같이 이루어져 있습니다.

[6사03-01]	[6사03-02]	[6사03-03]
고조선의 등장과 관련된 건국 이야기를 살펴보고, 고대 시기 나라의 발전에 기여한 인물(근초고왕, 광개토대왕, 김유신과 김춘추, 대조영 등)의 활동을 통하여 여러 나라가 성장하는 모습을 탐색한다.	불국사와 석굴암, 미륵사 등 대표적인 문화유산을 통하여 고대 사람들이 이룩한 문화의 우수성을 탐색한다.	고려를 세우고 외침을 막는 데 힘쓴 인물(왕건, 서희, 강감찬 등)의 업적을 통하여 고려의 개창과 외침 극복 과정을 탐색한다.

[6사03-04]	[6사03-05]	[6사03-06]
고려청자와 금속 활자, 팔만대장경 등의 문화유산을 통하여 고려시대 과학 기술과 문화의 우수성을 탐색한다.	조선을 세우거나 문화 발전에 기여한 인물(이성계, 세종대왕, 신사임당 등)의 업적을 통해 조선 전기 정치와 민족문화의 발전상을 탐색한다.	대표적인 유적지 (행주산성, 남한산성 등)와 인물들(이순신과 곽재우, 김상헌과 최명길 등)의 활동을 통하여 임진왜란, 병자호란 등과 같은 국가적 위기의 극복 과정을 탐색한다.
[6사04-01]	**[6사04-02]**	**[6사04-03]**
영·정조 시기의 개혁 정치와 서민 문화의 발달을 중심으로 조선 후기 사회와 문화의 변화 모습을 탐색한다.	조선 사회의 모순을 극복하기 위해 개혁을 시도한 인물(정약용, 흥선 대원군, 김옥균과 전봉준 등)의 활동을 중심으로 사회 변화를 위한 옛 사람들의 노력을 탐색한다.	일제의 침략에 맞서 나라를 지키고자 노력한 인물(명성황후, 안중근, 신돌석 등)의 활동을 조사한다.
[6사04-04]	**[6사04-05]**	**[6사04-06]**
광복을 위하여 힘쓴 인물(이회영, 김구, 유관순, 신채호 등)의 활동을 파악하고, 나라를 되찾기 위한 노력을 소중히 여기는 태도를 기른다.	광복 이후 대한민국의 수립 과정을 살펴보고, 대한민국 수립의 의의를 파악한다.	6·25 전쟁의 원인과 과정을 이해하고, 그 피해상과 영향을 탐구한다.

성취기준의 문장을 읽다 보면 그저 복잡하게만 보일 수 있습니다. 그러나 성취기준 하나의 내용 안에는 학습 주제를 달성하기 위해 사용할 학습 요

소가 존재합니다. 학습 요소와 학습 주제를 구분하여 바라보게 되면 성취기
준이 단순하게 보이기 시작합니다.

[6사03-01] 고조선의 등장과 관련된 건국 이야기를 살펴보고, 고대 시
기 나라의 발전에 기여한 인물(근초고왕, 광개토대왕, 김유신과 김춘추,
대조영 등)의 활동을 통하여 여러 나라가 성장하는 모습을 탐색한다.

이 성취기준에서 근초고왕, 광개토대왕, 김유신, 김춘추, 대조영이라는
학습 요소를 발견하게 됩니다. 이러한 학습 요소를 활용하여 고조선의 성장
과 고대 시기 나라의 성장 이야기를 탐색하는 것이 학습 주제가 됩니다.

교육과정 성취기준	학습 요소	학습 주제
[6사03-01] 고조선의 등장과 관련된 건국 이야기를 살펴보고, 고대 시기 나라의 발전에 기여한 인물(근초고왕, 광개토대왕, 김유신과 김춘추, 대조영 등)의 활동을 통하여 여러 나라가 성장하는 모습을 탐색한다.	• 단군왕검 • 근초고왕 • 광개토대왕 • 김유신과 김춘추 • 대조영	• 건국 이야기 • 인물을 통한 고대 국가 성장 탐색
[6사03-02] 불국사와 석굴암, 미륵사 등 대표적인 문화유산을 통하여 고대 사람들이 이룩한 문화의 우수성을 탐색한다.	• 불국사 • 석굴암 • 미륵사	• 고대 사람들이 이룩한 문화의 우수성을 탐색

2) 삶과 만나는 역사 수업의 목표 세우기

역사 공부는 왜 할까요?

역사 수업의 최종 목적지는 어디일까요?

'고구려 건국 연도는? 통일신라의 건국 연도는? 몽골의 1차 침입 연도는? 강감찬과 서희가 담판을 벌인 연도는? 을사늑약 연도는?' 역사 공부를 하다 보면 우리도 모르게 자꾸 연도에 연연하게 됩니다. 물론 언제 그 사건이 발생하였는가도 중요합니다.

그러나 이런 질문은 어떨까요? '통일신라 건국의 의미는? 을사늑약이 우리에게 주는 교훈은? 내가 서희였다면? 내가 고구려의 광개토대왕이었다면?' 이러한 질문이 훨씬 더 아이들의 삶으로 다가가지 않을까요? 단순한 역사 흐름에 대한 지식을 외우는 것도 중요한 학습 중의 하나입니다. 역사 속 국가의 흐름을 알아야 전체적인 맥락도 이해할 수 있습니다. 하지만 초등 교육에서 모든 것을 다룰 수가 없으니 어떤 관점으로 접근할 것인가, 아이들에게 무엇을 남길 것인가를 결정해야 합니다.

초등학교 사회과의 목표는 '관심과 흥미'에 주안점이 있습니다. 주변 사회 현상에 관한 관심과 흥미는 초등 교육 전반에 걸쳐져 있는 목표이기도 합니다. 역사 수업에서도 마찬가지입니다. 학생들이 역사에 흥미와 관심을 가질 수 있도록 도와주는 수업이어야 합니다. 성취기준에 따라 인물과 중요 문화유산을 탐색하면서 흥미롭게 역사의 시간을 따라갈 수 있는 방안을 마련합니다. 역사 속 인물 이야기를 통해 그 시대를 이해하고 역사에 관심과 흥미를 가질 수 있는 방안으로 프로젝트를 구성해 보는 것을 추천합니다.

블랜디드 러닝 수업 설계하기

학습 요소와 학습 주제가 명확해지고 나면 수업 형태와 수업 내용을 설계합니다. 원격수업이 진행되다가 등교수업이 되기도 하는, 원격수업과 등교수업 변동이 심한 때입니다. 이런 때에 딱 한 형태의 수업을 고집하기보다 어떤 상황에서도 가능한 수업 형태를 선정하는 것이 한 학기를 운영하는 데 편리합니다. 등교든 원격이든 어떤 수업에서도 원활하게 움직일 수 있는 수업 형태를 구성해 두는 것이 좋습니다. 블랜디드 러닝에서 학습 형태는 수업 설계를 결정하는 중요한 요소입니다.

재구성 주제	역사 이야기책 만들기			
학습 요소	학습 내용	차시	학습 형태	학습 내용
[6사03-01] 단군왕검 근초고왕 광개토대왕 김유신과 김춘추 대조영	건국 이야기 인물을 통한 삼국형성 성장 탐색	1	교과서 파악하기	• 교과서 읽고 질문 만들고 학습 대화 하기 -짝이동으로 변화를 주면서 학습 하기 -①10-13쪽 ②14-17쪽 ③18-21쪽
		2	콘텐츠 학습	• 역사 콘텐츠 둘러보기 -고조선의 건국, 삼국의 건국, 통일신라, 발해

학습 요소	학습 내용	차 시	학습 형태	학습 내용
[6사03-01] 단군왕검 근초고왕 광개토대왕 김유신과 김춘추 대조영	건국 이야기 인물을 통한 삼국형성 성장 탐색	3	과제 학습	–인물의 일화 조사하여 '역사 이야기 책'에 작성하기
		4~5	토의 토론 학습	Q1. 고조선의 건국으로 알 수 있는 것은? Q2. 광개토대왕 vs. 김유신 Q3. 내가 삼국시대로 간다면? Q4. 고조선이나 발해, 고구려 때에는 영토가 넓었는데 왜 통일신라 시대 에는 우리의 영토가 줄었을까?
[6사03-01] 불국사 석굴암 미륵사	고대 사람들이 이룩한 문화의 우수성을 탐색	1	교과서 파악하기	• 교과서 읽고 질문 만들고 학습 대화 하기 –짝 이동으로 변화를 주면서 학습 하기 –①22~25쪽 ②26~28쪽 ③29~33쪽
		2	콘텐츠 학습	• 역사 콘텐츠 둘러보기 –고조선의 건국, 삼국의 건국, 통일 신라, 발해
		3	과제 학습	• 문화유산 조사하고 다양한 일화 역사 이야기책에 작성하기
		4	토의토론 학습	Q1. 문화유산을 알고 보존하는 것은 왜 중요할까?

● 1단계: 교과서 내용 파악하기

교과서 내용을 파악하는 단계에서는 등교수업이나 실시간 쌍방향 원격 수업으로 학습하는 것이 효과적입니다. 이 수업 형태는 특별히 내용을 익히기 위한 것은 아닙니다. 교과서에 나와 있는 내용을 소리 내어 읽고, 질문을 만들고, 친구들과 학습 대화를 해 보는 과정입니다. 한 학급 구성원 간에도 역사에 해박한 학생이 있는가 하면 역사에 관심도 없고, 독서량도 적어 역사적 지식이 부족한 친구들도 있습니다. 이 친구들의 역사에 대한 지식 격차는 너무 심합니다. 이러한 차이를 극복하고 교과서를 마치 역사책 삼아 친구와 함께 즐겁게 읽는 것에 목표를 두는 수업입니다. 어떤 역사적 사건이 있었는지조차 알지 못하는 아이들에게 짝과 함께 책을 읽고 질문을 만드는 것은 역사에 관한 관심과 흥미를 증대시켜 주는 좋은 효과를 가져 옵니다.

또한 교과서를 읽고 질문을 만드는 과정은 역사 속 새로운 단어들을 흡수하는 시간입니다. 새로운 용어들은 한꺼번에 우리의 머릿속으로 들어오기 어렵습니다. 반복적인 학습이 필요합니다. 교과서의 책 내용을 읽음으로써 역사 속 인물과 용어들을 인식하는 단계라고 생각하시면 됩니다. 질문 만들기를 하면서 텍스트만이 아니라 교과서에 나와 있는 지도들도 자세히 살펴보게 되고, 사진들도 살펴보게 됩니다. 자세히 관찰하고, 책을 읽고 질문을 만드는 것은 스스로 학습을 시작하는 데 도움을 줍니다.

교과서를 읽고 질문을 만들 때 한 명의 짝보다는 짝 이동 학습을 통해 다양한 짝과 대화하고 질문을 만들며 학습합니다. 첫 번째 짝과는 교과서 ①10-13쪽을 소리 내어 읽고 질문을 만들고, 다음 짝과는 ②14-17쪽을, ③18-21쪽은 세 번째 짝과 학습을 할 수 있도록 해 줍니다. 다양한 만남을 통하여 학습의 흥미도를 높이고, 아이들은 수업에 더 몰입할 수 있습니다. <질문있어요 3>을 다시 한번 확인하시면 학습 방법을 이해하는 데 도움이 됩니다.

◉ 2단계: 콘텐츠 학습하기

교과서를 읽었다면 두 번째는 역사 콘텐츠를 통한 배움입니다. 콘텐츠 학습으로 각 인물의 재미있는 이야기를 알 수 있게 되고, 역사적 사건들도 알게 됩니다. 학생들이 역사에 관심과 흥미를 가질 수 있는 내용이 담긴 콘텐츠를 선택하는 것이 좋습니다. 콘텐츠는 동영상뿐만 아니라 신문 자료, 만화, 그림, 그림책, 구전동화, 노래, 민요, 역사적 사건 등 다양합니다. 콘텐츠 학습을 통해 역사 속 다양한 사건들을 이해함으로써 역사 속 이야기에 좀 더 깊이 있게 다가가게 됩니다.

◉ 3단계: 과제 수행하기

교과서와 콘텐츠로 학습이 이루어지고 나면 이제는 학습자 스스로 인물을 선정하고 조사하여 '역사 이야기책'에 작성합니다. 한 인물에 대하여 또는 문화유산에 대하여 재미있는 일화나 자신이 관심 있는 분야로 조사 작성합니다. 이후 짝 토론 활동을 통해서 자신이 조사한 내용을 상호 공유합니다.

◉ 4단계: 토의토론으로 배움 점프하기

토의토론 학습은 1, 2, 3단계 학습을 확인하고 한 단계 성장하는 수업입니다. 1단계 교과서의 지식에서 출발한 내용이 2, 3단계를 거치면서 좀 더 자세한 이야기들로 바뀌고 4단계에서 친구들과 생각의 폭을 넓히면서 토론하는 단계입니다. 토론을 통해 역사를 단순한 하나의 사건이 아니라 살아 움직이는 이야기로 만들어 가는 과정입니다. 토의토론 수업은 교과서 내용을 파악할 때와 마찬가지로 등교수업이나, 실시간 쌍방향 원격수업으로 이루어져야 합니다.

블랜디드 러닝 학습 단계

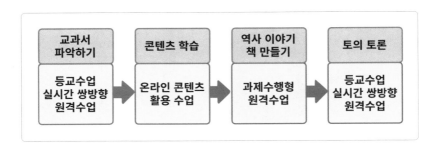

이 형태로 12가지의 성취기준 전반을 운영하게 되면 역사 수업 패턴이 생성됩니다. 학습 패턴을 따라가다 보면 '역사 이야기책'에 하나의 역사 흐름이 만들어집니다. 이 프로젝트를 진행하면서 배움 결과를 역사 연표에 넣어보는 활동을 추천합니다. 대면 수업에서는 칠판과 포스트 잇을 활용할 수 있고, 원격 수업에서는 패들렛의 타임라인을 활용해서 활동할 수 있습니다. 학생들이 탐구하는 인물과 문화가 우리나라 역사 연표에서 어디쯤 위치하는지, 그리고 전후에는 어떤 역사적 사건이나 흐름이 있었는지 파악해 가면서 수업을 진행합니다. 또 아이들이 만든 연표에 교사는 우리 주변국과 세계에는 어떤 큰 역사와 사건이 있었는지 간단하게 더해 봅니다. 역사를 통해 과거와 현재, 미래 그리고 세계의 역동적인 흐름과 관계를 생각해보는 시간을 가져 봅니다. 궁극적으로 우리는 어떻게 연결되는 삶을 살고 있는지를 역사를 통해서 공시적 · 통시적으로 볼 수 있는 관점과 안목을 키우는 수업이 되길 바랍니다. 이렇게 만들어진 '역사 이야기책'은 프로젝트 기간 동안 공유되고 피드백되어서 함께 나누는 훌륭한 결과물이 될 수 있습니다.

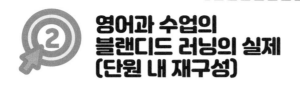

영어과 수업의 블랜디드 러닝의 실제 (단원 내 재구성)

영어 수업을 설계하기에 앞서

영어 수업의 1~2차시 설계는 6장의 수업 사례에서 이야기를 나누었습니다. 여기서는 5학년 영어 5단원의 재구성 사례를 이야기해 보려 합니다. 초등영어과 목표는 아래와 같이 이루어져 있습니다.

- 영어 학습에 대한 흥미와 자신감을 기른다.
- 자기 주변의 일상생활 주제에 관하여 영어로 기초적인 의사소통을 할 수 있다.
- 영어 학습을 통해 외국의 문화를 이해한다.

5~6학년의 영어 수업은 단순한 어휘와 문법을 배우는 시간이 아니라 음성언어와 문자 언어를 통합적으로 배우고 좋은 텍스트를 다양하게 만나며 언어와 문화를 함께 배우는 시간입니다. 문자로, 영상으로, 짝으로, 모둠으로, 그림으로, 동작으로, 노래로 체험하며 만나서 자연스럽게 익혀야 합니다. 영어는 한 단원에서 배워야 할 목표어(Target Expressions)만으로 배움이 구성되지 않습니다. 배움이 축적되어 다양한 표현을 함께 사용할 수 있어야 합니다. 영어 의사소통 기능 향상을 위해서 다양한 반복을 통해 배우고 익힐 수 있는 수업의 구조를 만들고, 그 언어에 들어 있는 문화를 만날 수 있게 해야 합니다. 앞서 영어과 원격 질문 수업 사례에서 다루었던 1~2차시의 숫자 배우기 수업이 5단원 전체에서 어떻게 구성되어서 나왔는지 살펴보겠습니다.

단원 내 재구성하기

5학년 영어과 Lesson5. I Get Up at Seven은 일상의 일과와 시간의 표현을 익히는 단원입니다. 아침에 일어나서 잠들 때까지 시간에 따라 어떤 활동을 하는지 묻고 답하는 표현을 배웁니다. 현재 우리의 일상은 COVID-19로 힘이 듭니다. 하지만 우리가 당연하게 생각하고 있는 학교의 급식, 학교와 가정에서 공부하고 유튜브도 보고 친구와 지내는 하루 일과가 지구 반대편 다른 나라 친구에게는 어떨까요? 지구에 살고 있는 다양한 사람들의 삶과 그들의 일상은 우리와 비슷하기도 하지만 많이 다르기도 합니다. 시리아의 내전으로 고통받는 아이는 가족과 형제를 잃기도 하고 전쟁의 트라우마로 힘들게 지냅니다. 학교에 가지 못하고 일을 해야 하는 아이들이 세계에는 많습니다. 우리는 이 다양한 일상을 통해서 다름을 이해하고 존중할 수 있어야 합니다. 그리고 우리의 삶이 소중한 것도 배워야 합니다.

1) 단원의 개요 짜기

본 단원의 수업을 설계하기에 앞서서 교육과정 분석을 통해서 다음과 같이 대략적인 개요를 짜 볼 수 있습니다. 개요 단계에서는 성취기준에 다른 핵심 개념, 언어 기능, 역량, 핵심 질문 등을 생각해 볼 수 있습니다. 그리고 영어과의 언어적 기능과 함께 소통 공감하는 시민의 자질을 경험할 수 있도록 세계 어린이의 다양한 일상을 재구성하여 텍스트로 사용합니다.

단원명: Lesson5. I Get Up at Seven		
핵심 개념	언어 기능	역량
중심 내용 다양한 문화	모방하기, 파악하기 적용하기, 추론하기	의사소통, 공감 존중
일반화된 지식		
• 글이나 대화의 세부 정보를 파악할 수 있다. • 세계 어린이의 다양한 일상을 이해한다.		

단원 핵심 질문

- 일과와 숫자를 묻고 답하는 표현을 사용할 수 있는가?
- 세계 어린이의 다양한 일상을 이해하는가?

단원 성취기준

- 듣기 [6영01-02] 일상생활 속의 친숙한 주제에 관한 간단한 말이나 대화를 듣고 세부 정보를 파악할 수 있다.
- 말하기 [6영02-06] 자신의 경험이나 계획에 대해 간단히 묻거나 답할 수 있다.
- 읽기 [6영03-03] 일상생활 속의 친숙한 주제에 관한 쉽고 짧은 글을 읽고 세부 정보를 파악할 수 있다.
- 쓰기 [6영04-01] 소리와 철자의 관계를 바탕으로 쉽고 간단한 낱말이나 어구를 듣고 쓸 수 있다.

2) 삶과 만나는 영어 수업의 목표 세우기

본 단원의 성취기준과 핵심 질문에 따른 구체적인 영어 수업의 차시별 목표를 세워 봅니다.

- (1~2차시) 영어 숫자와 한글 숫자의 차이점을 찾을 수 있다.
- (3~4차시) 일과와 시간의 표현을 묻고 답할 수 있다.
- (5차시) 일과와 시간의 표현을 읽을 수 있다.
- (6차시) 일과와 시간과 관련된 단어를 듣고 쓸 수 있다.
- (7~9차시) 세계 어린이의 다양한 일상을 통해서 우리 일상의 소중함을 느낄 수 있다.
- (전 차시) 표현을 연습하는 과정에서 서로 경청, 존중할 수 있다.

영어 수업 블랜디드 러닝 재구성 방향

영어 수업 블랜디드 러닝 재구성을 위해서는 다음을 고려해야 합니다.

첫째, 자기 주도적 학습을 할 수 있는 개별 학습이 필요한 경우 콘텐츠 활용 수업을 제공합니다. 디지털 교과서와 교사가 제작한 동영상, 유튜브 채널 등 다양한 콘텐츠를 제공하여 미리 개념과 기본 표현을 배울 수 있도록 합니다. 제공된 콘텐츠를 통해 개인별 상호 작용이 가능하도록 신경을 씁니다. 그냥 수동적으로 컴퓨터 화면만을 보고 있다면 시간이 아깝겠죠?

둘째, 실시간 원격수업에서는 콘텐츠 학습에서 배웠던 개념과 표현을 확인하고, 어려웠던 과제는 피드백하면서 같이 해결해 봅니다. 서로의 배움을 확인하고, 짝과 모둠과 친구들과 함께 배운 표현을 다양한 방법으로 사용할 수 있도록 수업의 구조를 만듭니다. 실시간 쌍방향 원격 수업에서는 텍스트를 다양하게 만나고, 다양한 짝과 만나고, 학급의 친구와 교사가 함께 대화하고 질문하는 체험 영어가 될 수 있도록 합니다. 실시간 쌍방향 원격수업도 교사가 제작한 콘텐츠나 디지털 교과서, 유튜브를 활용할 수 있어서 실시간 원격수업도 실제는 콘텐츠+쌍방향 수업이 될 수 있습니다.

셋째, 배움을 나누는 활동은 대면 수업으로 함께 경험을 나눌 수 있도록 수업을 설계합니다. 일주일에 1~2회 등교 또는 1/2의 학생만 수업에 참여하더라도 서로의 만남을 통해 배움이 깊어질 수 있습니다. 학교마다 학사 일정과 교육과정 운영 방식이 조금씩 차이는 있습니다. 콘텐츠 수업과 대면 수업, 실시간 수업의 일정이 바뀌기도 하지만 처음 단원을 시작할 때와 마지막 차시는 아이들에게 단원 수업의 방향을 알려 주고, 수업을 피드백하는 중요한 시간입니다. 처음과 끝은 실시간 수업이나 대면 수업으로 교사와 아이들이 만날 수 있도록 일정을 조정해 봅니다.

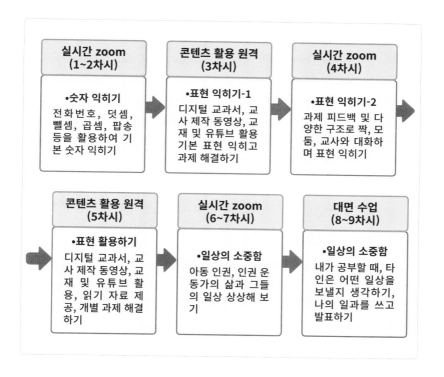

넷째, 블랜디드 러닝 원격수업을 위한 수업 도구와 프로그램을 고민해 봅니다. 아이들과 교사가 아직 원격플랫폼이 익숙하지 않아서 쌍방향 원격수업 플랫폼인 zoom을 기본으로 다양한 협업 도구를 활용하지 않고 구글 설문과 패들렛을 사용하여 콘텐츠를 활용할 수 있도록 하였습니다.

콘텐츠 활용학습	실시간 쌍방향 수업	협업 도구 활용	소통 과제 피드백
-e-학습터 -교사 제작 콘텐츠 -디지털 교과서 -교과서 -교사 제작 활동지	-zoom 	-zoom 추천 비디오, 소회의실, 화면 공유 등 -구글 설문: 퀴즈 -패들렛	-학급 홈페이지 -zoom -대면 수업

블랜디드 러닝 재구성 수업 설계하기

  5단원의 블랜디드 러닝 재구성 수업은 차시별 평가 목표와 핵심 질문에서 출발하여 수업을 재구성하였습니다.

차시	배움 주제	수업 형태	평가 목표 (핵심 질문)	수업의 재구성 및 온라인 도구
1-2	Chapter 6의 영어 수업 사례 참고하세요.			
3	표현 익히기	콘텐츠 활용 수업	・일과와 숫자의 표현을 듣고 답할 수 있다. (・일과의 표현에 알맞은 그림은?)	・(생각 열기) 어떤 공부를 할 까요? ・(표현 연습하기) 교사 제작 콘텐츠 1, 2, 디지털 교과서 ・(배움 내면화) 구글 설문 퀴즈
4	표현 익히기	실시간 zoom	・일과와 숫자의 표현을 묻고 답할 수 있다. (・나의 일과를 말해 본다면?)	・(생각 열기) 노래 듣기 ・(표현 연습하기) 주요 표현 다양하게 익히기(텍스트, 챈트, 노래) ・(배움 내면화) 나의 일과를 말해 본다면?

차시	배움 주제	수업 형태	평가 목표 (핵심 질문)	수업의 재구성 및 온라인 도구
5	표현 활용하기	콘텐츠 활용 수업	·일과와 시간의 표현을 읽을 수 있다. (·책 속 친구의 일과를 상상해 본다면?)	·(생각 열기) 노래 부르기 ·(표현 연습하기) 교사제작 콘텐츠 3, 4, 디지털 교과서 ·(배움 내면화) 책 속 친구의 일과를 상상해 본다면?
6	표현 활용, 일상의 소중함	실시간 zoom	·인권 운동가의 일상 읽고 말할 수 있다. (·인권 운동가 마더 테레사의 일상은?)	·(생각 열기) 마더 테레사 영상 ·(표현 연습하기) 인권 운동가 (만델라 등)의 일상을 목표로 제공, 읽기 텍스트 다양하게 읽기 ·(배움 내면화) 인권 운동가의 일상은?
7	표현 활용, 일상의 소중함	실시간 zoom	·세계 어린이의 다양한 일상을 묻고 대답할 수 있다. (·내전이 일어난 시리아 어린이의 일상은?)	·(생각 열기) 시리아 내전의 어린이 ·(표현 연습하기) 아동 인권에 관한 다양 한 사례 속에서 그들의 일과 묻고 답하기 ·(배움 내면화) 내전이 일어난 나라 어린이의 일상은?
8	표현 활용, 일상의 소중함	등교 수업	·타인의 일과를 상상해서 글을 쓸 수 있다. (·타인의 일상은 왜 소중하지?)	·(생각 열기) 내가 라면을 먹을 때 ·(표현 연습하기) 그림, 글로 표현하기 ·(배움 내면화) 타인의 일상은 왜 소중하지?

차시	배움 주제	수업 형태	평가 목표 (핵심 질문)	수업의 재구성 및 온라인 도구
9	표현 활용, 일상의 소중함	등교 수업	• 나의 일상에 대해 쓰고 발표할 수 있다. (• 나의 일상은 왜 소중하지?)	• (생각 열기) 5학년 선생님의 일상은? –5학년 선생님 사전 인터뷰 동영상 제작 • (표현 연습하기) 몸으로 표현하기, 나의 일상 글쓰기, 발표하기 • (배움 내면화) 나의 일상은 왜 소중하지? 패들렛 공유

수업은 지금 나와 수업에서 만나는 현장의 아이들에게서 길을 찾아야 합니다. 내가 가르치고 있는 아이들의 수준, 그들의 흥미와 관심, 친구들이 사는 지역의 공동체 환경 등 많은 요소가 내 수업에 더 영향을 줍니다. 5단원 공부를 마치며 간단한 숫자 속에도 문화와 역사가 있음을, 세계에는 다양한 일상이 존재하고 있으며 그들의 삶의 모습도 존중해야 함을 느끼는 수업이면 좋겠습니다. 동시에 나의 삶이 얼마나 가치 있고 소중한지를 깨닫는 수업이 되길 바랍니다.

삶을 만나는 영어 수업 일 년 로드맵

새로운 일 년을 맞이하는 3월이 되면 교사들은 매우 바쁩니다. 올해는 많은 변화가 있었습니다. 3월에 아이들과 수업을 하지 못했지요. 하지만 일

년의 수업을 시작하는 3월, 일 년 동안 어떻게 아이들과 배움을 엮어 갈지 구상을 해 보는 시간을 가져 보면 좋겠습니다. 물론 그대로 실천하기는 어렵지만 큰 흐름을 가지고 있다면 일 년 동안 맥락을 잡고 영어 수업을 진행할 수 있습니다. 다음은 아이들이 머리(Head)로 배운 지식을 가슴(Heart)으로 느끼고 행동(Hands and Toes)으로 실천하기를 바라며 디자인한 일 년의 영어 수업 로드맵입니다.

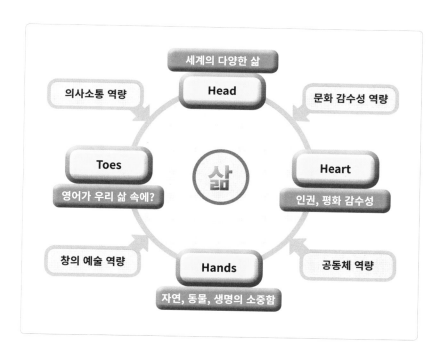

재구성 전		재구성 후	주요 의사소통 기능	재구성 주제 (성취기준)
Lesson1 I'm from Canada		Lesson1 I'm from Canada	• 출신지 묻고 답하기	세계의 다양한 삶 (성취기준) 6영01-02 6영02-07 6영03-03 6영04-01
Lesson2 What Are Those?	H e a d	Lesson12 What a Nice House!	• 진술, 칭찬 하기	
Lesson3 Where's the Museum?		Lesson9 Can I Speak to Jinu, Please?	• 전화를 하거 나받기	
Lesson4 May I Take a Picture?		Lesson3 Where's the Museum?	• 위치 묻고 답 하기	
Lesson5 I Get Up at Seven	H e a r t	Lesson6 Help Yourself!	• 음식 권하고 답하기	인권과 평화 감수성 (성취기준) 6영01-03 6영02-06 6영03-01 6영04-03
Lesson6 Help Yourself!		Lesson4 May I Take a Picture?	• 허락 요청 하고 답하기	
Lesson7 I'll Visit My Grandparents		Lesson5 I Get Up at Seven	• 일상과 숫자 표현 묻고 답하기	
Lesson8 How Was Your Vacation?	H a n d s	Lesson8 How Was Your Vacation?	• 지나간 일 묻고 답하기	자연, 동물 생명의 소중함 (성취기준) 6영01-03 6영02-03 6영03-03 6영04-04 6영04-04
Lesson9 Can I Speak to Jinu, Please?		Lesson2 What Are Those?	• 여러 개의 사물이 무엇 인지 묻고 답 하기	

재구성 전		재구성 후	주요 의사소통 기능	재구성 주제 (성취기준)
Lesson10 I Want to Pick Apples	H a n d s	Lesson14 Whose Cap Is This?	• 물건의 소유 묻고 답하기	**자연, 동물 생명의 소중함**
Lesson11 My Favorite Subject Is Science		Lesson10 I Want to Pick Apples	• 하고 싶은 일 묻고 답하기	(성취기준) 6영01-03 6영02-03 6영03-03 6영04-04 6영04-04
Lesson12 What a Nice House!	T o e s	Lesson11 My Favorite Subject Is Science	• 좋아하는 것 묻고 답하기	**영어가 우리 삶 속에?**
Lesson13 How Much Are the Pants?		Lesson13 How Much Are the Pants?	• 가격 묻고 답 하기	(성취기준) 6영01-02 6영02-04 6영03-03 6영04-05
Lesson14 Whose Cap Is This?		Lesson7 I'll Visit My Grandparents	• 미래에 할 일 묻고 답하기	

우리 함께 가는 길

교육은 사람이 만나는 일입니다. 교사의 삶은 학생과의 만남에서 이루어
집니다. 학생들은 만남으로 배움을 키워 갑니다. 5월이 되어서야 제대로 학생
을 만날 수 있었습니다. 일상의 만남이 얼마나 소중한가를 경험하고 있습니
다.

교육은 다양한 만남 속에서 이루어집니다. 만남의 공간이 교실을 넘어섰
습니다. 실시간 쌍방향 원격수업이라는 형태로 교사와 학생이 만났습니다. 교
실이 아닌 공간에서 처음 만났습니다. 사이버 세상에서 얼굴을 보면서 토론
하는 것도 처음입니다. 그 첫 설렘을 잊을 수가 없습니다. 어느 세상에서든지
만나서 대화하고 삶의 이야기를 나눌 수 있다는 걸 알았습니다.

실시간 쌍방향 수업에서 얼굴을 보았다고 해서 배움이 일어나는 것은 아
닙니다. 자신의 생각을 나누고, 배움에 대한 물음표가 삶에 울림을 주는 느낌

표로 바뀌는 수업이 되어야 그 만남은 의미가 있습니다. 그저 기존 지식을 일방적으로 알려 주는 수업은 AI 온라인 콘텐츠가 더 잘해 줄 겁니다. 사이버 세상의 지식을 어떻게 학생들이 만나고 배움으로 가져가게 할 것인가를 고민해야 하는 시점에 서 있습니다. 그 시작을 함께 열고 싶습니다.

저희는 수석교사입니다.

그래서 고민이 더 많습니다. 나 혼자 잘하는 수업이 아니라 모든 선생님이 쉽게 접근할 수 있는 수업 형태, 실시간 쌍방향 수업을 시작하는 선생님에게 도움이 되는 것은 무엇인지 등을 찾아보았습니다. 또한 교사의 입장이 아니라 학생 입장에서도 바라보았습니다. 성인이 아닌 어린 학생들에게 적용했을 때 발생할 수 있는 문제점은 없는지, 선생님들에게는 어려워도 학생들에게 쉬운 방법이 무엇인지, 학생들에게 더 쉽게 다가갈 수 있는 프로그램은 무엇인지 등을 살펴보고 고민해 보았습니다.

실시간 쌍방향 원격으로 학생 수업과 교사 연수를 진행하였습니다. 원격 질문 수업을 실제 적용하고 체험하며 힘든 과정도 겪었습니다. 그 경험을 나누고 현장의 목소리에 귀 기울이며 원격수업에 대한 생각을 다듬었습니다. 원격과 등교수업이 교차하는 이 교육의 현장에서 배움이라는 꽃밭을 가꾸기 위해 무엇을 해야 할지 여전히 고민하고 연구하고 있습니다.

정답은 없습니다.
수많은 해답이 존재합니다.

그 해답의 길을 함께 가고 싶습니다. 저희만 갈 수는 없습니다. 함께 나아가고 싶습니다. 이미 많은 선생님이 손 잡아주고 어깨동무해 준 덕분에 저희는 힘을 내고 나아가고 있습니다. 대한민국의 교육 변화에 힘쓰고 있는 많은 선생님의 노력과 열정에 감사함을 전합니다. '우리 함께 가는 길'이면 좋겠습니다. 고맙습니다. 감사합니다.

양경윤, 황지현

● 참고문헌 ●

경남교육청(2020). 원격수업 가이드.

교육부(2015). 2015 개정 교육과정 총론 해설.

교육부(2015). 국어과 교육과정: 교육부 고시 제2015-74호 별책 5.

교육부(2015). 사회과 교육과정: 교육부 고시 제2015-74호 별책 7.

교육부(2015). 영어과 교육과정: 교육부 고시 제2015-74호 별책 14.

교육부(2020). 교사용 원격교육 활용 매뉴얼.

교육부·17개 시도 교육청(2020). 2020 원격수업 운영 사례집.

교육부 보도자료(2020.3.25.). 학습 공백 방지를 위한 원격수업 기반 준비.

양경윤(2014). 한 줄의 기적, 감사일기. 쌤앤파커스.

양경윤 외(2016). 하브루타 질문 수업. 경향BP.

양경윤(2016). 교실이 살아있는 질문 수업. 테크빌(즐거운교육).

양경윤(2018). 하브루타 질문 수업에 다시 질문하다. 테크빌(즐거운교육).

양경윤(2020). 초등 감사함 수업. 메이트북스.

이재근 외(2018). 교육부 검정 5학년 영어 교과서. 대교.

Baker, Coin (2001). Foundation of bilingual education and bilingualism (3rd. Ed) Multilingual Matters Ltd.

Vygotsky, L. S. (1978). Mind in Society; The Development of Higher. Psychological Process. Cambridge, MA; Harvard Univ.